PERSPECTIVES NOUVELLES EN MUSÉOLOGIE

NEW TRENDS IN MUSEUM PRACTICE

Données de catalogage avant publication (Canada)

Vedette principale au titre :

Perspectives nouvelles en muséologie = New trends in museum practice

(Collection Muséo)

Comprend des réf. bibliogr.

Textes en français et en anglais.

ISBN 2-551-17732-4

1. Muséologie. 2. Musées – Aspect social. 3. Musées – Fréquentation. 4. Musées – Aspect éducatif. I. Côté, Michel, 1948- . II. Ferera, Lisette. III. Musée de la civilisation (Québec). IV. Titre : New trends in museum practice. V. Collection : Collection Muséo. Français.

AM111.P47 1997   069   C97-940716-8F

Canadian Cataloguing in Publication Data

Main entry under title:

Perspectives nouvelles en muséologie = New trends in museum practice

(Collection Muséo)

Includes bibliographical references.

Text in French and English.

ISBN 2-551-17732-4

1. Museum techniques. 2. Museums – Social aspects. 3. Museum attendance. 4. Museums – Educational aspects. I. Côté, Michel, 1948- . II. Ferera, Lisette. III. Musée de la civilisation (Québec). IV. Title: New trends in museum practice. V. Series: Collection Muséo. English.

AM111.P47 1997   069   C97-940716-8E

PERSPECTIVES NOUVELLES EN MUSÉOLOGIE

Sous la direction de
Michel Côté, Lisette Ferera
Editors

NEW TRENDS IN MUSEUM PRACTICE

THE INTERNATIONAL COUNCIL OF MUSEUMS
CONSEIL INTERNATIONAL DES MUSÉES
C A N A D A

MUSÉE DE LA CIVILISATION

 Patrimoine   Canadian
canadien   Heritage

Cette publication a été réalisée grâce à la participation financière de:
This publication has been produced with financial assistance from:
- ICOM Canada/*ICOM Canada*
- Patrimoine canadien/*Canadian Heritage*

Direction/*Editors*:
  Michel Côté, Lisette Ferera
Assistante à la rédaction/*Assistant Editor*:
  Isabelle Petit
Révision linguistique/*Copy Editing*:
  Robert Paré, Sheila Fischman
Traduction en anglais/*English Translation*:
  Lisette Ferera, Sheila Fischman
Distribution/*Distribution*:
  Boutique/*Shop,* Musée de la civilisation
Mise en pages/*Graphic Production*:
  Les Communications Science-Impact

ISBN: 2-551-17732-4

Le Musée de la civilisation est subventionné par le ministère de la
Culture et des Communications du Québec.
*The Musée de la civilisation is a government corporation subsidized by
the Ministère de la Culture et des Communications du Québec.*

Table des matières
Table of Contents

Introduction

Au moment où l'ICOM fête son 50ᵉ anniversaire, un peu partout à travers le monde, les musées subissent des transformations. Les sociétés évoluent; les institutions en font autant. L'assurance tranquille de ceux qui savent fait place au doute créateur et à l'innovation. Quels modèles serons-nous amenés à construire pour mieux répondre aux exigences de demain? Jusqu'où irons-nous? Ces mutations successives invitent à poser un regard critique sur l'impact de l'action dans laquelle sont engagés nos musées.

Tandis que les cultures débordent les frontières nationales, les approches muséologiques se diversifient à leur tour, ouvrant de nouvelles portes et s'adressant à des publics multiples. On cherche à explorer les différences, à susciter des rapprochements, le tout dans le cadre de réseaux d'échanges de plus en plus nombreux. Mais, dans ce processus d'adaptation, les incertitudes que réserve l'avenir aux musées sont source de questionnement. Six muséologues d'horizons différents, auxquels ICOM Canada a demandé de se pencher sur la question du devenir des musées, nous livrent leurs vues dans cet ouvrage.

Chaque auteur a ainsi été invité à s'exprimer librement à partir d'une expérience muséale particulière, vécue en Afrique, en Amérique, en Europe ou en Océanie. Les articles traitent des rapports qu'entretient le Musée avec la société, une société qu'il étudie, décrit et analyse, une société qui l'appuie et l'entoure, complexe et multiforme.

Bien sûr, les expériences décrites dans ces textes sont enracinées dans des lieux bien précis et relèvent de situations singulières : mais les lieux et les faits pourraient être modifiés, resteraient des interrogations et des visions inspirées et inspirantes. C'est pourquoi, s'il s'agit ici de réflexions variées et interdisciplinaires, elles conduisent toutefois à mettre en évidence certains mots clés, des concepts et tendances majeurs, qui constituent la toile de fond de la réalité muséologique contemporaine.

Il en va ainsi des bouleversements socioéconomiques. Après des années de croissance, l'État ne parvient plus à soutenir l'ensemble des services traditionnels, restreint son champ d'action et imagine un nouveau mode opérationnel. Les sociétés se sont engagées dans un processus de redéfinition des priorités. De même, les musées, qui connaissent une croissance colossale depuis la dernière guerre mondiale, tendent à se remettre en question. Pouvons-nous maintenir ce rythme ? Ici et là, on marque le pas, on éprouve le besoin de reprendre son souffle et on s'interroge. Nos musées seront-ils appelés à fusionner, à s'intégrer, à... disparaître ?

Dans son élan, la mondialisation, thème à la mode, a élargi les horizons nationaux des musées. Dans le cadre de collaborations et de partenariats internationaux, les expositions circulent, les expertises s'échangent, et les publics s'intéressent aux autres cultures. Dès lors, les musées ont conçu de nouvelles approches de l'interculturel ; ils ont appris à donner la parole. Mais l'ouverture sur l'extérieur ne s'accompagne-t-elle pas d'une quête d'identité et d'enracinement ? Est-ce que l'espace muséal réussira à être le lieu d'un équilibre entre la force du patrimoine local et la découverte de l'Autre ?

Par ailleurs, nous sommes à l'ère de l'éducation populaire et permanente. Une multitude de sources d'information sollicitent l'attention des individus et des groupes qui, naturellement, recherchent de plus en plus des lieux de réflexion et des occasions de synthèse. Le musée d'aujourd'hui est-il devenu cet acteur social préoccupé des inquiétudes et interrogations des citoyens? Deviendra-t-il un vaste lieu culturel porteur d'intelligence et de sensibilité dans la compréhension des questions de société contemporaine?

La prise en compte du progrès technologique, dans nos programmes et activités, est un autre trait marquant de la réalité muséologique actuelle. Les musées sont, en effet, eux aussi confrontés à l'essor des nouvelles technologies et ils sont de plus en plus nombreux à démontrer une grande capacité d'intégration des modes modernes de communication. Sommes-nous allés jusqu'au bout, dans ce domaine, ou sous-utilisons-nous encore ce potentiel?

Enfin, on ne répétera jamais assez que les musées n'existent pas pour les muséologues mais bien pour des publics. Nous savons pourtant qu'ils sont nombreux à ne pas fréquenter nos établissements. Comment briser cet isolement? Comment favoriser l'échange? En la matière, la partie n'est jamais gagnée, et il faut sans cesse recommencer.

Les articles rassemblés dans cette publication n'ont pas la prétention d'avoir cerné tous les enjeux contemporains ni exploré toutes les voies d'avenir possibles. Les recettes n'existent pas. Certains modèles, toutefois, peuvent nous permettre de dépasser notre expérience quotidienne, d'aller plus loin. Les témoins que nous avons appelés à la barre connaissent bien le milieu culturel et muséal; leur parcours clairvoyant est jalonné de succès. ICOM Canada souhaite que l'échange amorcé avec ces auteurs fasse écho dans la communauté muséale et permette à chacun de poursuivre sa réflexion sur le devenir de nos institutions.

Michel CÔTÉ

*Président, ICOM Canada
Directeur, Direction des Expositions
et des Relations internationales
Musée de la civilisation, Québec*

Lisette FERERA

*Conseillère en relations
internationales
Musée de la civilisation, Québec*

Introduction

As ICOM celebrates its 50th anniversary, all over the world museums are undergoing transformations. As societies are evolving, so are institutions. The quiet self-confidence of those in the know is now giving way to creative doubt and innovation. What models will we construct to better meet tomorrow's needs? How far will we have to go? These successive mutations invite us to take a critical look at the impact of the work in which our museums are engaged.

With cultures extending beyond national boundaries, museological approaches in turn are becoming diversified, opening new doors and appealing to a variety of audiences. Museums are now attempting to explore differences, to help make connections — all within the framework of an ever-growing number of networks for exchange. Within this process of adaptation however, the uncertainties that the future holds in store for museums lead us to ask certain questions. For this publication, ICOM Canada has invited six museum professionals from different backgrounds and perspectives to look into the future of museums and offer their thoughts.

Each author has been invited to express himself or herself freely, on the basis of their personal museum experiences in Africa, the Americas, Europe or Oceania. Their articles deal with the relations the Museum maintains with society: at once the society it studies, describes and analyzes and the society – complex and multifaceted – that supports and surrounds it. These articles are of course rooted in specific places and are nurtured by observations of unique situations: but even if the places and the facts could be changed, certain questions and inspired and inspiring visions would remain. Thus, while these reflections are wide-ranging and interdisciplinary, they all nonetheless lead to an emphasis on certain key words, concepts and significant trends that constitute the backdrop of contemporary museological reality.

This also applies to socio-economic upheavals. After years of growth, the State can no longer support the full complement of traditional services; it is narrowing its field of action and is devising a new mode of operating. Societies have entered into a process of redefining their priorities. Similarly museums, which have experienced a colossal boom since the last world war, are now engaged in some soul-searching. Can we keep up this rhythm? Here and there museums are marking time, they are feeling a need to catch their breath and ask themselves some questions. Will our museums be called upon to merge, to integrate – or to disappear?

As it gathers momentum, globalization – that trendy theme – has broadened the national horizons of museums. Within a context of international co-operation and partnership, exhibitions travel, expertise and technical know-how is exchanged, and the museum-going public is becoming interested in other cultures. Consequently, museums have designed new approaches to intercultural reality; they have learned how to let multiple voices take the floor. But does not such an opening onto the outside world go along with a quest for identity and belonging? Within the museum space, is an equilibrium coming into being between the importance of local heritage and the discovery of the Other?

Furthermore, we are in an age of permanent and mass education. A multitude of sources of information are soliciting the attention of individuals and groups who, naturally, are looking for more and more places for reflection and opportunities for synthesis. Has the museum today become a social player preoccupied with citizens' concerns and questioning? Will it become a vast cultural space bringing intelligence and sensitivity to bear on the comprehension of contemporary social questions?

The development of technological progress in our programmes and activities is another significant feature of contemporary museological reality. Museums too are in a sense facing the rise of new technologies, and a growing number are now demonstrating a great capacity for integrating modern methods of communication. Have we gone as far as we can in this area, or are we still under-utilizing this potential?

Finally, we can never sufficiently emphasize the fact that museums exist not for museum professionals, but for the public. We know however that many members of the public do not come to our institutions. How can we end this isolation? How can we encourage exchange? On this matter, the match is never won and we have to constantly begin again.

The articles assembled for this publication do not pretend to have delineated everything that is currently at stake or to have explored all possible roads for the future. There are no recipes for doing so. There may however be models that will allow us to transcend our everyday experience, to go a little further. The witnesses we have called on are very familiar with cultural issues and museums;

their clairvoyant paths are lined with success. ICOM Canada hopes that the exchange initiated with these authors will find its echo in the museum community and that it will stimulate each of us to continue our reflections about the future of our institutions.

Michel CÔTÉ

President, ICOM Canada
Director, Direction of Exhibitions
and International Relations
Musée de la civilisation, Québec

Lisette FERERA

International Relations Counsellor
Musée de la civilisation, Québec

LES MUSÉES FACE À LA DÉCROISSANCE[*]

Patrick J. Boylan

Vice-président, ICOM
et
Professor of Arts and Management
City University
Grande-Bretagne

Abstract

The future of museums in the coming century is characterized by the emergence of different visions which are examined in an historic context. Although many ancient museums – such as the Louvre, the British Museum or the Uffizi of Florence – still exist, the majority of museums in the world are very recent creations, reflecting an unprecedented trend of development since the Second World War. However, the growth in museums has not always been exponential or linear. The history of European museums across the past two centuries and of museums in North America between 1740 and 1870 show five cycles of birth, development, decline and death. From each successive wave of new museums, many, large and small, have survived. The fifth cycle of the post-Second World War period is by far the

---

[*] Allocution prononcée à l'occasion du Congrès annuel de la Société des musées québécois à Rivière-du-Loup (Québec), en septembre 1996.

most important and has seen the explosive growth of museums and the preservation of monuments, buildings and sites of cultural interest. The question is whether this fifth cycle of museum creation has reached, or perhaps passed, its apogee and whether museums will slip into decline? Although the great museums and monuments of the world will survive, what fate awaits the vast majority of institutions? Two factors of major concern are "economic liberalism", in which the key objective is to reduce and privatize public services, and globalization tendencies which challenge our most fundamental and long-standing public service ethics and values. **Patrick Boylan** *argues that the museums that will survive are those that base their policies on five key concepts: autonomy, stability, co-operation, information and relevance.*

Les historiens nous enseignent que la fin du premier millénaire de l'ère chrétienne était marquée par la peur et que de sombres augures prédisaient alors la destruction du monde. De la même façon, à un peu moins de 1 100 jours de la fin du deuxième millénaire, les prophètes de malheur prévoient déjà que notre entrée dans le troisième millénaire sera marquée par de grandes épreuves et que l'humanité y sera en proie à de nouvelles tribulations. Néanmoins, la fin du monde n'est pas survenue, comme l'avaient prévue certains, le 31 décembre 999, ce qui devrait suffire à faire taire les alarmistes et nous amener à regarder le prochain millénaire d'un point de vue plus optimiste. Après tout, dans la tradition chrétienne, la signification exacte du mot « millénarisme », dérivé de la prophétie exprimée au vingtième chapitre du livre de l'Apocalypse de saint Jean, est entièrement optimiste. Cette prophétie reflète en effet la vision d'un monde entièrement transformé, où régneraient une paix et une joie universelles.

De la même manière, si l'on considère l'avenir des musées, et particulièrement la situation qui régnera au siècle prochain, deux visions divergentes s'affrontent, l'une idyllique, l'autre cauchemardesque, que je voudrais explorer dans les pages qui suivent. Je crois toutefois qu'il est très important, pour ce faire, de replacer non seulement le présent, mais aussi l'avenir, que nous l'entrevoyions sous un jour négatif ou positif, dans un contexte historique.

Les musées dans l'histoire : croissance et décroissance cycliques

Il peut sembler banal de rappeler que la grande majorité des musées, qui sont des créations très récentes, vivent une phase de transformation et de croissance sans précédent depuis la Deuxième Guerre mondiale. Bien sûr, certains des musées les plus importants du monde ont plus de 100 ans, voire plus de 200 ans, si l'on pense au Louvre, au British Museum, au palais des Offices de Florence, etc. Au cours du 17e siècle, on assista également à la naissance de nombreux musées moins grands et moins importants, pour la plupart propriété de sociétés, de collectionneurs privés, d'académies et d'universités. Mais, en nombre absolu, la grande majorité des musées actuels sont moins âgés que le Conseil international des musées, l'ICOM, inauguré en novembre 1946. Cependant, la courbe de croissance des musées à travers les âges n'a pas toujours été exponentielle, pas plus qu'elle n'a suivi une tendance linéaire. Au contraire, l'histoire des musées, au cours des deux derniers siècles, démontre que la naissance, le développement, le déclin et la mort des musées est un phénomène cyclique et généralisé, malgré le fait que plusieurs grands musées aient survécu à chacune des grandes vagues de création muséale.

En Europe, depuis le 17ᵉ siècle, il est possible de discerner cinq de ces cycles, marquant la création, le déclin, puis la disparition de certains musées. En Amérique du Nord, les recherches exceptionnelles de Joel Orosz sur la naissance des musées entre 1740 et 1870 sont d'une grande importance. Elles ont permis de détruire les mythes qui avaient été soigneusement érigés par les pères fondateurs des grands musées américains du 19ᵉ siècle, et particulièrement les fondateurs de la Smithsonian Institution, du Metropolitan Museum of Art et de l'American Museum of Natural History à New York, qui affirmaient être les créateurs des premiers «véritables» musées, apportant, de ce fait – comme les prophètes bibliques –, la lumière là où régnait l'obscurité, l'ordre là où régnait le chaos. Au contraire, Orosz démontre que l'Amérique, avant la proclamation de l'Indépendance, en 1776, était le berceau d'un monde muséal vivant, soutenu par l'enthousiasme de nombreux individus et sociétés. Mais ces premiers musées privés n'étaient pas fondés sur la «permanence»: les collections qui y étaient assemblées atteignaient certes de hauts degrés de complexité, mais elles étaient souvent transportées ou dispersées en divers lieux. Ainsi, il n'était pas rare de voir des collections passer successivement entre les mains de propriétaires différents. On pouvait lire, dans le catalogue d'une vente aux enchères qui eut lieu à Londres vers la fin du 18ᵉ siècle, une description qui rend bien la situation: «La collection d'un musée d'histoire naturelle privé: propriété d'un gentilhomme devenu fatigué d'accumuler.»

Selon toute probabilité, les collections de la grande majorité des musées connurent à cette époque le même destin, ce qui correspond, selon moi, à la deuxième phase de développement des musées – parmi lesquels il nous faut compter les sociétés scientifiques et littéraires bénévoles de la première moitié du 19ᵉ siècle en Amérique, mais aussi en Europe. La première vague d'enthousiasme et d'investissement (physique et financier) passée, les membres de ces musées et sociétés trouvèrent souvent la charge très lourde, les musées étant devenus trop grands pour que les souscriptions annuelles et les efforts des administrateurs et des experts bénévoles suffisent à leur bon fonctionnement. Beaucoup de ces musées sont donc tombés dans l'oubli, à moins qu'il n'aient connu un déclin qui fut, pour certains, fatal.

Les attitudes furent relativement différentes dans ce que je considère comme le troisième cycle de création des musées, marqué par l'émergence, à partir de la seconde moitié du 19ᵉ siècle, des musées publics, dont la modernité tenait à la fois à la structure, aux buts et aux fonctions, et dont certains avaient été fondés par les autorités publiques – gouvernements nationaux ou régionaux, collectivités locales, fondations privées ou charitables établies dans l'intérêt public; je pense entre autres, ici, à la fonction éducative des activités muséales.

Ce phénomène était, en grande partie, propre à l'Europe et à l'Amérique du Nord, mais on en trouve aussi quelques exemples significatifs ailleurs, entre autres en Amérique Latine, ainsi que dans les dominions (Canada inclus, bien sûr) et les grandes colonies de l'Empire britannique. Il serait injuste, toutefois, de prétendre que ces musées publics étaient des «institutions permanentes», tels que les définissent les codes de déontologie muséologique actuels. Par exemple, beaucoup de musées de l'Empire et des Îles britanniques répertoriés dans les deux premières éditions du *Museums Directory* de l'Association britannique des musées, les éditions de 1901 et de 1911, n'ont pas survécu jusqu'à aujourd'hui, du moins dans une forme reconnaissable (dans beaucoup de cas, leurs collections ont été transférées dans de nouveaux musées, situés dans les mêmes villes ou spécialisés dans les mêmes domaines).

L'entre-deux-guerres, soit les années 20 et 30, vit apparaître le quatrième cycle de création et de développement des musées. Aux États-Unis, entre autres, furent alors créés, durant cette période, beaucoup de musées dits *donor-memorial*, c'est-à-dire dédiés à la mémoire de leur donateur le plus important, dont ils portaient le nom. Ce type de mécénat fut encouragé par l'instauration, dans les années 20, d'un régime fiscal très généreux à l'endroit des musées et des donateurs. Ce fut aussi l'époque de la fossilisation, dans leurs formes contemporaines, des concepts de «nationalisme», d'«identité nationale» et d'«État-nation» souverain et tout-puissant, consacrés, en 1919, par les traités de Versailles, Saint-Germain, Neuilly et Trianon. L'un des symboles les plus forts de cette identité nationaliste est le patrimoine national, et l'une de ses expressions les plus symboliques, le musée national.

Cette période vit aussi surgir beaucoup de nouveaux musées à caractère local et communautaire, ayant une mission explicitement éducative. Que l'on pense notamment aux «musées locaux» en Angleterre, aux *Heimatmuseem* en Allemagne – ces derniers étant devenus des fers de lance du programme de nazification instauré au nom de l'identité culturelle et territoriale avec la *heimat*, ou patrie locale, et les valeurs supposément aryennes, après 1903. Beaucoup de musées issus de ce quatrième cycle n'ont cependant pas survécu, particulièrement les *Heimatmuseem* allemands des années 30 (dont le nombre dépassait le millier), qui ont presque totalement disparu, et avec eux les 80 000 animateurs culturels et conservateurs locaux de la machine hitlérienne.

Mais la vérité est que ces quatre premiers cycles de la vie des musées perdent toute importance par comparaison avec l'explosion des nouveaux musées de notre ère – qui correspond à mon cinquième cycle, lequel s'étend de la fin de la Deuxième Guerre mondiale à aujourd'hui. Selon mes évaluations, plus de 90 %, voire 95 % des musées du monde actuel sont des institutions nées de cette vague. Les causes de ce phénomène sont complexes et ne sont pas totalement connues. On peut cependant croire qu'il a en partie été causé par l'industrialisation rapide qu'a connue cette période et qui a entraîné une augmentation étonnante du nombre de lieux et de bâtiments historiques et industriels préservés, dont beaucoup sont devenus des musées (tels qu'en Angleterre, plus de 120 musées « plein air » du train à vapeur, environ 150 musées du transport et de l'aviation, 1 000 musées et monuments industriels, etc.).

Ce cinquième cycle constitue aussi une période de préservation du patrimoine sans précédent. Par exemple, en 1947, la Grande-Bretagne comptait moins de 1 000 lieux historiques et naturels, de monuments et autres bâtiments placés sous un quelconque système de protection légale. Vingt ans plus tard, en 1967, leur nombre était d'environ 10 000. Aujourd'hui, plus de 1,3 million de lieux, monuments et autres bâtiments sont placés sous protection juridique en vue d'assurer leur conservation. Parmi ceux-ci, un peu plus de 5 000 sont ouverts au grand public comme musées, monuments, centres d'interprétation et d'animation, qu'ils soient subventionnés ou privés, avec ou sans but lucratif.

Mais tous ces nouveaux musées ont-ils un avenir ou tomberont-ils, pour beaucoup, dans l'oubli, comme cela s'est produit pour de nombreux musées des quatre vagues précédentes ? Les exemples que nous fournit l'histoire, où certains musées furent emportés par des phénomènes de nature cyclique, alors que d'autres survécurent contre vents et marées, invitent à la prudence dans la formulation de prédictions.

Si l'on compare l'espérance de vie des musées avec celle d'autres types d'établissements, on se rend compte que la durée de vie moyenne des musées ne constitue pas une exception. Par exemple, la vie moyenne des compagnies et entreprises commerciales est d'environ 40 à 50 ans seulement. Au New York Stock Exchange, il ne subsiste qu'un seul survivant des 100 entreprises originales répertoriées dans le Dow Jones Index, institué au début du siècle, et 60 % des 500 entreprises du Fortune 500 Index des années 70 ont disparu.

Cette situation peut aussi être comparée avec celle qui règne dans la sphère politique, où la tendance est similaire. Par exemple, des 200 États membres de l'ONU, six seulement, depuis la Première Guerre mondiale, vivent toujours sous des systèmes démocratiques, sans avoir connu de changement de frontières important, d'occupation militaire ou de coup d'État interne : l'Australie, la Nouvelle-Zélande, la Suisse, la Suède, les États-Unis et, bien sûr, le Canada.

En Angleterre, les systèmes d'administration locale ont été entièrement remplacés quatre fois par les collectivités territoriales (les organisations les plus importantes pour le service des musées dans ce pays) depuis 1836 – ce qui représente une périodicité de 40 ans en moyenne.

Il va de soi que ce modèle des cycles muséaux est considérablement simplifié – peut-être certains le jugeront-ils même simpliste. Je ne prétends pas que toutes les institutions muséales établies au cours des quatre premiers cycles, soit sur une période de deux siècles, aient disparu, ni que les musées actuels, que leur origine soit ancienne ou contemporaine, soient susceptibles de disparaître dans un proche avenir. À preuve, nous avons hérité de nos collègues, des autorités publiques et des bienfaiteurs privés d'autrefois quelque 1 000 musées d'une variété extraordinaire, un peu partout à travers le monde.

Je suis persuadé que bon nombre des 50 000 musées existant actuellement seront encore là dans 20 ou 30 ans, et que beaucoup seront même toujours en fonction au début du 22ᵉ siècle. Mais ce cinquième cycle de création et d'expansion des musées, qui a commencé à la fin de la Deuxième Guerre mondiale, a-t-il atteint ou dépassé son apogée? Si la réponse est «oui» (ou même «probablement», ou «peut-être»), cela signifie-t-il que nous ferons bientôt face, comme ce fut le cas au terme des quatre cycles précédents, à une ou deux décennies de flottement au cours desquelles de nombreux musées glisseront vers le déclin, puis vers un effondrement total?

Après l'apogée, le déclin?

Le fait est qu'il peut y avoir plusieurs réponses à cette question. Il me semble inconcevable que les grands musées, collections et monuments nationaux et internationaux, dont la «valeur universelle», pour emprunter la terminologie de la Convention du patrimoine mondial de l'UNESCO, a été reconnue, ne soient pas protégés des effets les plus graves d'une phase descendante ou d'un changement de mode. Il est en effet impensable que les services et les collections du Louvre, du palais des Offices, de l'Hermitage ou du British Museum, pour ne nommer que ceux-là, soient totalement abandonnés par leurs gouvernements. Je crois également impossible que l'opinion publique américaine, malgré les menaces proférées par la droite républicaine, qui annonce une compression des services fédéraux, ne permette la vente des collections et la démolition de l'édifice de la National Gallery, par exemple, ou du National Air and Space Museum de Washington.

Mais qu'en est-il de l'avenir de la grande majorité des musées au 21ᵉ siècle – des musées au prestige moindre, soit, mais dont l'importance, compte tenu de leur situation ou de leur spécialisation, ne peut être mise en doute ? Le plus grand danger qui les menace serait à mon avis qu'ils tombent dans un provincialisme étroit, dont la définition a été très bien cernée, au cours des années 70, dans les *Lois de Jante* de l'écrivain norvégien Axel Sandemose. Celui-ci décrit ce provincialisme et cette profonde stagnation dans des termes satiriques (je traduis librement) :

> Vous n'imaginez pas que vous êtes meilleur que nous,
> Vous ne croyez pas que vous savez plus que nous,
> Vous ne croyez pas que vous êtes plus que nous.

Sous les *Lois de Jante*, dit Sandemose, toutes les possibilités sont supprimées. On se bat contre l'innovation et l'initiative, en prenant pour appui lesdites lois, dont on utilise les préceptes sans discernement.

Il va de soi que les grands défis de l'avenir seront nombreux, qu'ils excéderont les questions de mode et que les leçons apprises de l'histoire des musées ne seront peut-être pas d'une grande utilité face à eux. L'histoire politique récente peut toutefois nous donner un aperçu de la tendance qui se dessine. Depuis la chute du communisme, il semble que le monde n'ait plus qu'une seule philosophie et qu'un seul système économique et fiscal, représentés par la supposée «libéralisation économique» du «thatchérisme» et des «reaganomiques» anglo-américains des années 80. De nos jours, ce régime s'est imposé, à des degrés divers, dans presque tous les pays des cinq continents. Cette situation est le fait des gouvernements nationaux, bien entendu, mais se trouve renforcée par les organisations et les conventions internationales : la Banque mondiale, le Fonds monétaire international, le GATT, l'Organisation mondiale du commerce, le NAFTA, l'Union européenne et, ce qui est peut-être plus menaçant, par un nombre croissant d'agences nationales d'aide économique et humanitaire.

Ce programme quasi universel prône d'abord et avant tout le changement, sans pitié et à une allure folle.

Nous assistons à l'ère de la privatisation et de la réduction des services publics, particulièrement dans des secteurs considérés, à tort, comme non essentiels : la santé, l'éducation, les services sociaux, la culture et l'emploi. Ce phénomène, que l'on observe aussi bien au niveau national et régional que local, entraîne une croissance accélérée du chômage et une augmentation potentiellement explosive de l'inégalité et de l'injustice. L'une des grands architectes de cette « libéralisation économique », Margaret Thatcher, insistait d'ailleurs, il y a quelques années, pour dire que « There is no such thing as Society ».

Ce que j'ai lu dans le journal québécois *Le Soleil* du lundi 16 septembre 1996 n'est pas exceptionnel. Le journaliste Vincent Marissal reproduisait un extrait d'un document électoral du parti de l'Action démocratique dont il avait obtenu copie :

> Première des choses, le gouvernement n'a plus les moyens de préserver sa fonction publique telle que nous la connaissons. L'État doit réduire la taille de sa fonction publique de 25 % dans un court délai. Chaque année, le budget total d'un ministère ou d'un organisme gouvernemental est remis à zéro. Aux titulaires du portefeuille de prouver qu'il faut y réinjecter le même budget, programme par programme, poste budgétaire par poste budgétaire.

C'est là, selon moi, le plus grand mensonge de notre temps, à savoir qu'à une époque de prospérité économique sans précédent dans l'histoire du monde, notre société n'ait pas les moyens économiques de maintenir ce qu'elle pouvait maintenir dans des années moins fastes. Malheureusement, ce mensonge semble presque universel, mais la répétition d'une assertion si absurde et si contraire à la réalité ne transforme pas pour autant le mensonge en vérité.

On peut, par ailleurs, affirmer que la tendance à la mondialisation ne touche pas que les domaines économiques et fiscaux. Nous assistons aussi à la mondialisation des communications, de l'information et des médias, où l'on constate une nette prédominance de la culture américaine, que ce soit dans le domaine du cinéma, de la télévision ou de la musique populaire, mais aussi dans le domaine des nouvelles technologies, qui constituent la caractéristique la plus importante de l'âge de l'information et, partant, du siècle que nous aborderons bientôt. Par ailleurs, la langue anglaise a presque le monopole du réseau Internet et des nouvelles autoroutes de l'information.

Tout comme dans le domaine des médias, la tendance politique et culturelle dominante est au matérialisme, à la commercialisation et à la privatisation, ce qui va à l'encontre des principes fondamentaux des services publics et de nos valeurs les plus précieuses. Par exemple, après la conclusion des accords du GATT, quelques-uns des plus importants marchands d'art et d'archéologie de New York ont donné des instructions à leurs avocats leur demandant de préparer une cause juridique pour présentation à la prochaine conférence générale de l'Organisation mondiale du commerce afin d'abolir toutes les lois nationales et conventions internationales visant la protection du patrimoine national. Ceux-ci insistent pour dire que des restrictions sur l'exportation libre des objets d'art et du patrimoine seraient « une contrainte au commerce, contre les intérêts des marchands, des collectionneurs et des musées américains ». (J'étais en Chine, récemment, où j'ai pu constater que cette prise de conscience face à l'hégémonie américaine est mondiale. Ainsi, selon les Chinois, tous les pays du monde doivent désormais adopter une nouvelle définition du mot « démocratie », un concept qui doit maintenant être défini comme le droit d'être tout à fait, et seulement, d'accord avec ce que les États-Unis proposent.)

Dans les faits, nous pouvons affirmer qu'aujourd'hui, après la chute du système communiste, nous ne possédons plus qu'un seul système de politiques et de relations internationales. Au lieu d'une démocratie mondiale, le pouvoir est entre les mains de milieux financiers dont les objectifs et les programmes, particulièrement ceux du secteur culturel, sont très différents de ceux des gouvernements. Je crois que c'est Voltaire qui disait (je cite de mémoire) : «Si vous voyez un banquier sauter d'une fenêtre, suivez-le sans délai! Il est certain qu'au terme de sa chute, il y a de l'argent!» Et c'est Oscar Wilde qui a défini le cynique comme (je traduis librement) «un homme qui connaît le prix de tout, mais la valeur de rien». Malheureusement, cela correspond précisément à l'attitude la plus marquée des responsables politiques de beaucoup de nos pays.

Les musées, dans la plupart des pays du monde, subissent les effets de deux facteurs très importants : d'une part, ils doivent faire face à un cycle d'évolution et de vieillissement naturel et, d'autre part, ils doivent affronter les conséquences, du moins à court terme, d'une philosophie et d'un système économique et fiscal basés sur la «libéralisation économique». Devant ces faits, mes questions sont les suivantes : Quels sont les musées qui, dans ce contexte, ont une chance de survivre sans être relégués dans l'ombre des jours de gloire actuels? Quels sont ceux qui peuvent fleurir et prospérer malgré les problèmes politiques et économiques de notre époque? Enfin, quelles actions positives pouvons-nous mener pour assurer l'avenir de nos propres musées?

Quelques clés pour un nouveau départ

Les musées qui voudront éviter une vieillesse pénible (et peut-être prématurée), ou qui voudront éviter la mort lente ou l'euthanasie institutionnelle, devront baser leur politique sur les cinq mots clés suivants : *autonomie, stabilité, coopération, information, pertinence.*

À première vue, l'*autonomie* peut paraître un premier choix étonnant, mais je suis convaincu que c'est le facteur de survie le plus important. La capacité du musée de relever effectivement les défis actuels et futurs, et de répondre aux autres impératifs que sont la stabilité, la coopération, l'information et la pertinence, dépend au fond de sa flexibilité, de sa liberté d'action et de sa capacité de concevoir et de mettre en place sans délai ses propres solutions face aux défis qui se posent à lui. À travers le monde, trop de musées – la majorité, me semble-t-il – reposent sur des régimes juridiques et bureaucratiques à l'intérieur desquels l'ensemble de l'équipe professionnelle (incluant, dans certains cas, le directeur) n'a aucune influence réelle sur la politique et le développement du musée, l'organisation et la gestion du personnel, la préparation des budgets et la gestion des finances, pas plus que sur les activités quotidiennes.

La menace la plus sérieuse repose sur la politique fondamentale de nombreux musées à travers le monde, qui soutiennent la notion d'un musée rigoureusement et entièrement rétrograde, défini comme le gardien du «patrimoine culturel» et ignorant, par exemple, l'aspect dynamique de l'éducation active, de l'art contemporain ou environnemental et des initiatives communautaires, quand il n'y est pas totalement hostile. Dans le système que je prône, le musée reste du domaine public et n'a aucun but lucratif : je ne propose aucunement la privatisation des musées publics. L'autonomie du musée doit avoir pour base première le renouvellement de ses politiques et de ses buts fondamentaux, et encourager la participation active, d'une façon ouverte et démocratique, de tous ceux que nous appelons en anglais les *stakeholders* du musée, par comparaison avec ceux qui soutiennent les enjeux des entreprises commerciales. Cette participation, qui peut être très informelle, doit faire appel autant aux autorités du musée (gouvernement, collectivité locale ou fondation bénévole) qu'à son personnel, de quelque niveau qu'il soit, c'est-à-dire non seulement au directeur et aux conservateurs, mais à toute l'équipe et, ce qui m'apparaît d'une grande importance, à des représentants du grand public.

Les nouveaux établissements culturels publics, en France, nous fournissent le modèle d'une telle autonomie, et aussi d'une stabilité de la gestion et des finances sur laquelle nous devons prendre exemple ; je pense entre autres à l'établissement public du musée du Louvre, créé par décret le 22 décembre 1992. Nous sommes ici devant une entité juridique autonome, possédant une structure administrative et un cadre de gestion novateurs, et dont la mission est clairement définie. Ce type d'établissement ressortit au secteur public, mais continue de s'appuyer sur des principes de décentralisation et de subsidiarité, et sur un processus de prise de décisions efficace et démocratique. Ce modèle donne donc aux établissements le droit de gérer et d'augmenter leurs ressources financières, y compris les ressources traditionnelles provenant de l'État ou des collectivités locales, mais aussi leurs ressources humaines, leurs bâtiments et autres biens immobiliers avec une flexibilité impossible dans le système d'administration traditionnel.

Les établissements publics, ainsi libérés de certaines contraintes, ont le droit de conserver toutes les recettes provenant de sources privées : les droits d'entrée, les droits de reproduction d'œuvres d'art, les dons, les legs et les droits issus de certaines opérations commerciales (l'exploitation du Carrousel-Louvre et de son garage souterrain est une source de revenus importante pour le musée). Afin d'assurer un certain équilibre dans la gestion, le directeur de ces établissements est nommé par l'État, alors que le président du conseil d'administration est élu parmi le personnel du musée. Ce conseil d'administration comprend d'ailleurs des membres du personnel du musée et du ministère responsable, des experts de l'extérieur du musée et des représentants du grand public. Au Louvre, pour reprendre cet exemple, le président-directeur général du musée assure la direction de l'institution avec l'appui d'un «collège» composé de certains chefs de départements et d'autres spécialistes du musée.

Mon second exemple est tiré de mon expérience personnelle, alors que j'étais directeur du Service des musées, de la culture et des archives du comté de Leicestershire, en Angleterre. Le principe d'autonomie que je propose ici y a été adopté progressivement durant les 17 années où j'ai occupé ce poste (1972-1990). (Je précise que le Leicestershire est une collectivité territoriale de 900 000 habitants; le Service des musées et de la culture regroupe plus de 230 employés, 16 musées, 20 monuments, lieux historiques et archéologiques, et plus de huit kilomètres linéaires d'archives publiques et privées, auxquels il faut ajouter un théâtre régional, un programme de soutien de la musique, etc.)

Le Conseil général du comté (élu grâce à une franchise universelle) a d'abord délégué à un comité spécialisé (composé de 18 de ses membres) tous ses pouvoirs concernant la législation relative aux musées, aux archives, à la culture et à la préservation du patrimoine archéologique et écologique. Seuls trois champs décisionnels sont réservés au Conseil général du Leicestershire lui-même: la détermination des buts généraux du Service, l'approbation des budgets annuels et l'investissement des capitaux, de même que les décisions exceptionnelles soumises au Conseil général par le comité spécialisé. Toutes les responsabilités professionnelles sont déléguées au directeur : la formulation des projets de politique du Service (qui doivent être approuvés par le comité spécialisé et le Conseil général), la préparation et la gestion des budgets annuels et à long terme, etc. Le directeur recrute le personnel (à l'exception des directeurs adjoints) et en assure la gestion selon des politiques et des pratiques déterminées en vertu de négociations nationales et locales avec les syndicats. Le directeur a également le pouvoir de déterminer le programme des expositions permanentes ou temporaires, et d'accepter des fonds supplémentaires provenant du secteur privé ou de la mise en œuvre de certaines activités commerciales. Il s'occupe des dons, legs ou achats servant à l'enrichissement des collections, et agit en justice, le cas échéant, au nom du comté et du musée. Il a enfin la responsabilité de gérer tous les biens immobiliers occupés par le Service (musées, monuments, etc.) et le droit de les utiliser et de les exploiter au profit du Service, tout en tenant compte de certaines politiques et de certains principes éthiques et comptables établis dans l'intérêt de tous.

Il me semble essentiel (tout comme c'est le cas au Louvre ou dans le comté de Leicestershire) que ce principe d'autonomie soit appliqué à la gestion des activités courantes du musée, de son personnel et de ses finances, et que son directeur ait le pouvoir de gérer les fonds publics et privés investis dans le fonctionnement du musée selon des limites budgétaires approuvés par les autorités. Il me semble également naturel que les sommes provenant des fonds privés et des activités quasi commerciales du musée soient gérées par celui-ci. Il est étonnant de constater que la grande majorité des musées actuels doivent remettre chaque dollar provenant des droits d'entrée, ainsi que des revenus de leur boutique et de leurs concessions commerciales. Un tel système n'incite aucunement la direction des musées à faire des investissements financiers, pas plus qu'il n'encourage le personnel à déployer des efforts en vue d'améliorer les services aux visiteurs. Les effets négatifs de ce système traditionnel ont maintes fois été prouvés. Pourquoi, en effet, le directeur d'un musée et son équipe professionnelle devraient-ils se contenter d'utiliser des ressources humaines limitées sans que leur soit donnée la possibilité de réaliser des bénéfices au profit du musée ?

Toujours en Angleterre, de nombreux musées appartenant aux collectivités territoriales n'ont pas le droit de se gérer de cette manière. Au contraire, leur marge de manœuvre est très étroite et le personnel du musée n'occupe, dans la direction, que le troisième ou le quatrième niveau de responsabilité et d'influence. À cet effet, une direction des loisirs a proposé au ministère du Patrimoine, au début d'août 1996, que tous les musées d'une certaine importance faisant partie de telles collectivités acquièrent un statut quasi indépendant, comme cela a déjà été fait (pour la même raison) pour les théâtres, les orchestres et les centres culturels des municipalités dans les années 70.

Voici un autre exemple de cette autonomie. En 1993, le gouvernement socialiste du Zimbabwe a reçu la visite de représentants de la Banque mondiale, qui, naturellement, ont demandé que soit considérablement réduit le budget national – 40 % du budget de la santé publique, par exemple. Après de nombreuses discussions, on décida de transformer totalement le Service national des musées et monuments, pendant une période de transition de cinq ans. Jusqu'alors, ce service avait été fondé sur un système des plus traditionnels. Il faisait partie du ministère de la Culture et du Tourisme, dont les services étaient centralisés, et dépendait d'une subvention annuelle représentant 95 % du coût de son fonctionnement. Il relevait par ailleurs d'autres secteurs et agences gouvernementales pour beaucoup de ses activités essentielles, dont la gestion du personnel, des finances et des bâtiments. La nouvelle politique mise en œuvre a entraîné un changement important, qui a permis à ce service d'acquérir une autonomie totale et immédiate sur le plan de la gestion pratique et des finances. Ajoutons que cette politique a également pour objectif l'élimination totale des subventions annuelles, qui devront être remplacées par des investissements de capitaux à la fin des cinq années de transition.

Le président de la République, M. Robert Mugabe, et le directeur du Service, M. Dawson Munjeri, ont tous deux reconnu qu'un tel objectif exigeait des changements fondamentaux sur le plan des politiques et de la gestion. Dans une première étape, le Service national des musées et monuments a été séparé du ministère de la Culture et du Tourisme, et d'importantes responsabilités ont été transférées à un conseil d'administration indépendant, dont les membres sont toutefois nommés en grande partie par le gouvernement (comme c'est le cas au Louvre). Cette nouvelle autonomie a aussi permis d'élargir les responsabilités du directeur du Service, M. Dawson Munjeri, de telle sorte que les ressources financières, de même que la gestion immobilière et la gestion du territoire (les grands sites archéologiques, par exemple), sont maintenant séparées de celles du Ministère. Un plan d'investissement financier à long terme a été préparé, qui propose au gouvernement et aux banques et agences nationales et internationales des projets qui, en principe, devraient assurer des profits au Service. Un des premiers projets est la construction de trois hôtels internationaux (dont un hôtel quatre étoiles, par exemple) à l'entrée du site du Patrimoine mondial du Grand Zimbabwe, qui serait géré par une des sociétés d'hôtellerie américaines les plus prestigieuses. Grâce à ce projet, le Service s'assure immédiatement un loyer mensuel et reçoit de plus sa part des profits annuels.

Parmi les autres projets d'investissement retenus, on compte un important renouvellement des musées et de leurs expositions, cela en vue d'augmenter considérablement le nombre de visiteurs locaux et internationaux, et, par conséquent, les revenus issus des droits d'entrée. Chaque secteur du Service a été transformé de la même manière. Après les 18 premiers mois de la période de transition proposée, le budget total du service avait déjà augmenté, et la subvention gouvernementale nette était tombée de 95 à 40 %. Fort de ces résultats, Dawson Munjeri croit pouvoir atteindre l'objectif fixé en quatre ans au lieu de cinq.

De la même façon, au Royaume-Uni, les sommes issues d'une nouvelle loterie nationale doivent être exclusivement appliquées à un programme ayant pour but le renforcement de la stabilité financière des musées et d'autres établissements subventionnés. Une étude est également en cours sur les possibilités de recueillir des capitaux pour assurer une aide à long terme à ces établissements.

J'insiste cependant pour rappeler que, dans les trois exemples cités (le Grand Louvre, le Leicestershire et le Zimbabwe), les musées demeurent des services du secteur public ; les transformations apportées ne correspondent pas à des privatisations (même si les Pays-Bas ont adopté le mot « privatisation » pour désigner une telle autonomie). Il faut aussi ajouter que ces transformations ne touchent pas que le secteur administratif : dans tous les cas, les changements touchent aussi les services au public, la sécurité financière à long terme et le personnel du musée.

L'analyse de ces réformes m'a aidé à définir mon deuxième impératif : la *stabilité*. Bien entendu, cette stabilité ne signifie pas que les politiques et les activités des musées doivent être fossilisées dans une ère mythique ou un âge d'or, celui des années 70, pas plus qu'elle ne signifie qu'il faille renoncer à entreprendre des changements radicaux si ceux-ci s'avèrent nécessaires. Mais il y a une grande différence entre la nécessité de demeurer ouverts à certains changements et la rapidité de ceux-ci dans certains cas (rapidité qui peut leur valoir d'être réévalués au bout de quelques mois), ainsi que nous l'avons vu dans quelques très grands musées anglais. En fait, les musées nationaux anglais les plus prospères ne sont-ils pas ceux qui ont maintenu leur vision, leurs objectifs et leur structure organisationnelle au fil des ans: le British Museum, la National Gallery et la Tate Gallery?

Le troisième impératif de survie des musées est la *coopération*. Un des mots les plus malmenés du vocabulaire administratif des années 90 est le *networking* – qui peut être traduit en français par «maillage de réseau». Malgré la mauvaise utilisation que l'on a pu faire du mot et du concept, il n'en demeure pas moins que, dans le monde très complexe d'aujourd'hui, il est peu de champs de spécialisation, qu'ils soient muséologiques ou autres, à l'intérieur desquels il soit possible ou raisonnable de travailler isolément. Par conséquent, beaucoup plus de temps et d'efforts doivent être consacrés à l'établissement d'alliances officielles et non officielles entre les musées, les représentants de la profession muséale (que ce soit sur le plan local, national ou international) et les services complémentaires, par exemple les institutions vouées à l'éducation et à la recherche, les propriétaires de monuments et sites privés, les organismes du secteur du tourisme, etc.

Le quatrième impératif que je propose est l'*information*. Après les bibliothèques et les universités, les musées sont, en principe, les plus importantes sources d'information sur notre monde et ses cultures, et il est clair que nous sommes à l'aube d'une révolution comparable à la révolution agricole, la révolution des métaux ou la révolution industrielle, c'est-à-dire la révolution de l'âge de l'information.

Les développements récents dans le domaine de l'informatique ont entraîné de nombreux changements dans le monde muséal, que ce soit l'informatisation des catalogues ou de la présentation d'expositions interactives, par exemple. Mais si grands que soient les changements survenus à ce jour, ils ne sont rien en comparaison de ce que nous réservent les cinq ou dix prochaines années : à l'âge des autoroutes de l'information, nous ne connaîtrons aucune limite, sauf celles de notre propre imagination.

Le dernier impératif suggéré, pour la survie du musée, est la *pertinence*. Nous devons nous assurer que le musée demeure un lieu indispensable à la population ou à la communauté desservie. Cet élément doit constituer la plus grande préoccupation de tous ceux qui ont des responsabilités au sein des musées : les membres du conseil d'administration (ou de toute autre autorité dirigeante), le directeur et les autres professionnels, le personnel, les bénévoles et les amis du musée. Pour nous assurer de cette pertinence, les questions clés que nous sommes en devoir de nous poser sont les suivantes :

1. Est-ce que le musée reflète l'actualité et la diversité de sa communauté ?

2. Quel profil de clientèle les services généraux ou spécialisés accueillent-ils ?

3. Est-ce que le musée fait sa part dans le développement économique et communautaire – dans le tourisme culturel, par exemple ?

Après plus de 30 ans de tourisme de masse, les touristes d'aujourd'hui cherchent une expérience plus riche, n'ayant rien à voir avec les préoccupations des touristes européens des années 60 et 70, pour qui dominait la règle des quatre «s» : soleil, sable, sangria et sexe.

Notre bien-aimé et vieil ami, Georges-Henri Rivière, a insisté pour dire que le musée (je traduis encore librement) «doit être un miroir où la population locale puisse découvrir sa propre image, mais aussi offrir au visiteur l'occasion de mieux comprendre sa société et ses industries, ses coutumes et son identité, et, partant, de la respecter».

Nous devons aussi nous interroger sur ce qui doit constituer le but fondamental des musées d'aujourd'hui et de demain. Je crois que personne n'a posé cette question en termes aussi clairs, directs et précis que notre ami québécois, René Rivard. Celui-ci a défini le musée traditionnel comme le produit d'une interaction triangulaire très complexe de trois éléments: un bâtiment, des collections et des visiteurs. Pour faire contrepoids à ce musée traditionnel, il propose le modèle d'un «nouveau musée» (qui peut être rapproché de l'écomusée de Georges-Henri Rivière, du musée communautaire de Hugues de Varines, dans les pays francophones, ou d'un service des musées semblable à celui qui existe en Angleterre). Selon René Rivard, le concept du bâtiment propre au premier modèle doit être remplacé par un territoire défini (grand ou petit). Quant aux collections, elles doivent aussi comprendre les richesses patrimoniales de ce territoire, et non seulement les objets réunis au musée. Dans le modèle proposé par René Rivard, enfin, les services aux visiteurs doivent être plus larges et s'adresser à toute la population du territoire défini, qu'elle soit permanente ou temporaire, et non seulement aux visiteurs, qu'ils paient ou non des droits d'entrée.

Croire en nos musées...

Compte tenu de tous ces éléments, j'affirme donc que nos musées peuvent survivre et se développer dans le nouveau millénaire, et cela, sans abandonner leurs principes traditionnels et leurs buts fondamentaux. Au contraire, nous devons avoir confiance dans le rôle de ces nouveaux musées, qui seront au service du développement humain et d'une société plus vaste. Nous devons aussi résister à certaines tendances et éviter que nos musées ne soient transformés en non-musées postmodernes, en banals centres de loisirs ou en parcs d'attraction à la Disneyland.

Les musées doivent demeurer fidèles à leur mission et sensibles à leurs publics. Ils faut également qu'ils soient bien gérés, particulièrement si l'on tient compte des exigences de plus en plus grandes et variées du public, et de la baisse continue des subventions du secteur public. Mais, surtout, ils doivent continuer d'être des musées.

Patrick J. Boylan, *géologue de formation, fut d'abord enseignant avant de joindre les Hull Museums. Là, il travailla, pendant plus de 22 ans, comme directeur des Musées et des Arts au gouvernement local d'Exeter puis de Leicestershire. En 1990, il gagna la City University à Londres où il assuma les responsabilités de professeur et de chef du Department of Arts Policy and Management. Ce département est l'un des plus importants centres de recherche et d'éducation de troisième cycle au monde; en effet, il compte presque 200 étudiants de maîtrise et de doctorat, à plein temps ou à temps partiel, issus de 30 pays différents, travaillant dans des domaines comme la gestion des arts, la gestion muséale, la politique culturelle et la gestion du patrimoine.*

Le champ de recherche et de publication de Patrick Boylan comprend des travaux en paléontologie, histoire de la géologie, archéologie, études muséales, technologies de l'information, politique culturelle, droit de la protection culturelle nationale et internationale et identité culturelle. Il travailla également comme conseiller et consultant au sein de plusieurs agences et départements gouvernementaux, dont la

Museums and Galleries Commission, la Arts Council Lottery Unit et le British Council. Sur la scène internationale, il œuvra à l'UNESCO, au Conseil de l'Europe, au sein de la récente Commission mondiale de la Culture et du Développement établie conjointement par l'UNESCO et les Nations Unies, et auprès d'une dizaine de gouvernements étrangers. Ses activités professionnelles et pédagogiques ont inclus trois mandats au Council of The Museums Association tandis qu'il a occupé des postes à l'ICOM depuis de nombreuses années.

EXACT IMAGININGS:
THE MUSEUM AS A JOURNEY

William J. Tramposch

Director, Museum Resources
The Museum of New Zealand
Te Papa Tongarewa
New Zealand

Résumé

William J. Tramposch *évoque le cheminement de la pensée culturelle, scientifique et politique qui a mené, en 1998, à la création du Museum of New Zealand Te Papa Tongarewa. Enraciné dans sa société, le Musée se constitue en agora publique où chacun, quelle que soit sa communauté d'origine, pourra explorer le patrimoine culturel et naturel de la nation et puiser la source de son identité. Toute l'originalité du musée vient de sa conception de l'« exact imagining ». Cette notion désigne le processus par lequel une institution muséale peut être à la fois un organe de diffusion de connaissances scientifiques et un espace d'évasion, un lieu d'apprentissage affectif et cognitif. À cette fin, le musée a mis sur pied une politique en quatre temps lui permettant de faire face aux principales tensions (diversité culturelle croissante des sociétés, attentes des publics, crédibilité scientifique, rentabilité financière) qui continueront à influencer les musées à l'avenir. L'auteur présente d'abord le caractère biculturel du Museum et le partenariat culturel qui en découle* *comme choix stratégique à tous les niveaux (dans la structure organisationnelle et les activités) afin de permettre à l'institution d'être à l'image de la société néo-zélandaise. Ensuite, l'application d'une politique dite du « Customer focus » conduit à l'adaptation permanente des approches muséologiques aux attentes des visiteurs. Le Museum mise également sur l'autorité et la crédibilité scientifiques et tente de dépasser la dichotomie qui veut qu'on ne puisse apprendre en s'amusant. Le tout en ne s'écartant pas de l'objectif de viabilité économique, quatrième orientation fondamentale. Dans un contexte de restrictions budgétaires, une stratégie de financement et de communication a été élaborée grâce à laquelle l'institution pourra rester à la fois viable et fidèle à la vocation qu'elle s'est assignée.*

In a chapter entitled, "History as Imagination" which appeared in the acclaimed book, **Beyond 1492**, the author, James Axtell describes the work of the historian:

> I prefer the notion of history dropped as an aside by George Steiner and supported by a host of practicing historians, past and present. In a review of a book by a French medievalist, Steiner characterised history as "exact imagining", and I know of no better encapsulation.[1]

While the term "exact imagining" may well describe the historian's work, it is also a remarkably accurate description of the work of the museum, for in the best museums affective and cognitive learning takes place often times simultaneously. All museums have the opportunity to practice exact imagining. Too many do not, assuming that their sole intent is to provide facts rather than the lives behind the facts. This paper explores one institution that is so engaged in the process of "exact imagining" that the very notion was chosen as the "soul" of the institution during a recent branding exercise with the organisation's advertising agency, *Saatchi and Saatchi*. This paper is about the Museum of New Zealand Te Papa Tongarewa. Before I focus on this significant project, however, I shall give three examples of what is meant by the practice of exact imagining starting with an experience I had as a student at Berkeley.

Three settings

1. BERKELEY, CALIFORNIA, 1968

Poor professor Stotz! It appeared as if this would be his worst term yet. After twenty years of teaching at Berkeley, he was losing students from "Life Sciences 101" at an alarming rate. On the first day of class the vast lecture hall was filled to capacity with students almost as eager to learn as they were to fulfill this prerequisite course; yet now, just three weeks into the curriculum and barely leaving "Leewenhoek", the hall had taken-on more the look of a late-night train station than of any centre of learning. A rainy day might pull-in thirty students, but that was about all Stotz could hope for nowadays. What to do?

With the unit on "Darwin" upcoming, the professor began to give more-than-the-usual amount of thought to the concept of survival; and on the day of the lecture he appeared in front of the few remaining faithful... *now* donned completely in 19th Century garb! Stunned and just a bit tickled, the students looked up to the stage to see what would unravel next. Stotz, peering long into the recesses of the hall... coughing occasionally amidst the uncomfortable silence... examining now the curious mechanical stamen that was attached to the podium... began, "H- -hthummm, I am informed that if I speak into this contraption (a 'microphone' you call it?), I can communicate directly with the gods"... and from this beginning his lecture flowed as if straight from the lips of Darwin himself. Feigning ignorance of anything following the voyage of the *Beagle*, he

45

assumed the role of the scientist just back from the Galapagos. Life science and even a bit of sea salt seemed to come across in the lecture hall that day. Stotz's presentations became legendary at Berkeley, as imaginative as they had been exact. The returning legions of students were testimony to the effect his efforts had.

2. WILLIAMSBURG, VIRGINIA, 1980

Nioto, a new-landed African-American slave looks up from his work in the tobacco patch at the end of the Duke of Gloucester Street. To all who will listen he relates the events of that tragic day when he was savagely plucked from the shores of his native land. He recalls the subsequent darkness on board that groaning ship, those repulsive smells, and the many horrid deaths that marked his *middle passage.* He wonders if it might have been possible to have walked back through the water to the fast-receding African coast, and with desperation he tries to recall that very moment when he knew it was just too late to try to get back to his mother and father. Now, in this very strange colonial city, he is greatly confused but *not* as bitter as one might think. He has seen how ruthless *The Master* can be, and he already has hope of being given more responsibility and freedom if he meets his own master's expectations. Yet, even amidst these more optimistic reflections his eyes can be seen to retreat back into the deep sadness of isolation, of separation: "These Williamsburg white people are very different", he says. "They stare at me, poke me in my mouth, look at my teeth, wear funny clothes and prance up and down the street".

Nioto is one of many first-person interpreters employed by the Colonial Williamsburg Foundation, America's largest outdoor history museum. He and his fellow character interpreters assist in giving modern visitors a direct insight into the 18th Century. Their interpretations are based firmly on extant slave narratives and vital records, and the *scripts* are the result of intense tutorials with key Williamsburg research staff and scholars from the nearby College of William and Mary. The character interpreters are as exact in their preparations as they are imaginative in their executions. Pulitzer Prize winning historian, Rhys Isaac (*The Transformation of Virginia*)[2] admires the technique and assists with its development. An excellent teacher himself, he requires his students back home in Australia to prepare their papers as if they were film producers. He claims that the perspective gained from such dramatic attempts to replicate complete settings and human encounters is the *stuff* of social history and the best way to immerse oneself in an understanding and appreciation of the past.

3. WELLINGTON, NEW ZEALAND, 1996

Te Hau Ki Turanga, an extraordinary Maori meeting house and a centrepiece of the Museum of New Zealand Te Papa Tongarewa (The Museum), is moved by many hands from the old museum at Buckle Street to the new, purpose-built, 36,000 square metre waterfront site due to open in early 1998. It is the first of more than a million objects to make its way into this new national museum complex. Thrusting challenges at onlookers throughout the mile-long journey, fifty Maori warriors remind the thousands who watch that this object, this *taonga,* is imbued with the spirit of their ancestors; and their fierce protection of taonga is a sign of their abiding love of ancestry and heritage. Architects have studied the meeting house; anthropologists have written about it; the museum photographers have digitised its every member; yet, as it ascends the great staircase into its massive new home, all who observe are reacquainted with the fact that there is much more passing here than meets the eye: There is lineage *(whakapapa)*; there is love *(aroha)*; there is hope *(wawata)*; and there is the journey *(haerenga)*; and while not one of these concepts is easily measured, each is deeply felt by those who watch. From the meeting house's intricate carvings to the transporting of the taonga itself, there is a remarkable blend here of the exact and the imagined, the intellectual and the emotional. For this reason, *Te Hau Ki Turanga's* new home is a very appropriate one, indeed; for the Museum, like the best teachers, will strive towards *exact imaginings* in all that it does. It's bicultural foundation will insist upon it; its public will expect it; its scholarship will deserve it; and its commercial success will depend on it.

Key Tensions

While an inherent tension exists between these two words, *exact* and *imaginings*, there also exists a tension among four other key concepts which will increasingly influence the museum of the millennium. The developing and maintaining of these positive tensions to their fullest potential will become a major preoccupation for our field in the years to come. They are:

1) **Cultural Partnerships:** An increased inclusion of stakeholder cultures *not only* in our programmes but also in our administration and governance;

2) **Customer Focus:** An increased customer focus which applies to both our traditional audiences as well as to those who have never given us a second thought;

3) **Speaking with Authority:** A rock-solid scholarly base that *not only* reaffirms our credibility but also fends-off what undoubtedly will be increased criticism of us from some quarters as we *dare* continue to blend learning with enjoyment and entertainment; And,

4) **Commercial Positivity:** An increased commercial focus that will ensure that we can maintain our fiscal health as government support schemes continue to wane worldwide.

It will come as no surprise to the reader that these four tensions serve as guiding principles for the Museum of New Zealand Te Papa Tongarewa (The Museum). Yet, because of the obvious relevance these principles have to international museum efforts, I was asked to contribute an article to your anniversary publication: "The Museum of New Zealand Te Papa Tongarewa is surely an exciting example of innovative trends in museum practice which will be of great interest to all professionals", read the letter from Lisette Ferera following a presentation given by the Museum's Chief Executive, Cheryll Sotheran, the Kaihautu (Director, Maori), Cliff Whiting, and me at the American Association of Museums annual conference in Minneapolis, Minnesota in 1996. Colleagues in Minneapolis were not only intrigued by the immensity of our museum project, but they asked such earnest questions about the four guiding principles listed above that it confirmed our belief that the challenges described in this paper are more *representative* issues than they are *particular* to New Zealand alone. I hardly needed to be convinced, however. As an American and past Vice-Chair of AAM/ICOM, I have long felt this bold antipodean effort to be one of the most cutting-edge museological initiatives that has emerged in quite a while. This paper is written from the perspective of one of your North American colleagues who is privileged to be assisting with this significant project. First, some context...

New Zealand as Country

With a kind wind, Aoteoroa New Zealand lies eleven hours by air from Los Angeles, and the two places could hardly be more different. As the plane circles out of the L.A. basin, the passenger views a valley that is home to three times more people than live in *all* of New Zealand. This comparison, coupled with a tradition of stereotypical sheep-related tales, may lead you to think that New Zealand is primarily agrarian. But, look again. A vast majority (68%) of the population live in urban settings, and one metropolitan region alone (Auckland) is home to one-third of the kiwi population. Nearly one in every ten New Zealanders lives in the capital city of Wellington, where the Museum is being built. Of course, the fact that approximately 40,000,000 sheep are nestled between cities is enough to ensure at least another generation of stereo-typing; but, be aware, New Zealand is rapidly becoming one of the most tuned-in and switched-on countries in the world. E-mail and the Internet are almost as common to offices as filing cabinets once were, and cell phone sales here are among the highest in the world *per capita*. Consequently, the country excels in the service and communication industries.

Regardless of the rapid technological progress of the past decade, the country still offers some treasured reminders of the rural past: Milk is still delivered in bottles to your door by rugby lads in training; doctors still make housecalls... on Sundays; and every Saturday night is "request night" on National Radio with call-ins from far and wide. New Zealand's population of 3.5 million is an eighth the size of Canada, and another million people come to visit it every year, primarily drawn to its natural beauty and Maori heritage. Still, *even with guests*, this country which is larger in land mass than the United Kingdom, contains only a thirteenth the number of people![3] If these descriptions are enticing, consider them please your invitation to visit on the way to the 1998 Triennial in Melbourne.

Euphemists from the New Zealand tourism efforts refer to their country as "geologically dynamic". The pragmatist Wellingtonian, however, translates this to mean that one had best store jugs of water and canned goods in the shed in the event that the capital city is sealed-off for a few days following an earthquake. And, to make the case more realistic, as I write this paper the fine volcanic dust from the recent eruption of Mt. Ruapehu still settles quietly upon the peak's neighbouring bush. Simply put, New Zealand is unique and beautiful because it is young and still unsettled.

Having broken-off from the supercontinent Gondwanaland merely 80 million years ago, its separation rendered the country a ship-of-sorts drifting eastward across the Pacific (and drifting still) while carrying with it a veritable prehistoric botanic garden, aviary and zoo which have charted their own particular evolutionary courses apart from the rest of the world.[4] Thus, while maples might shade Canadian households, trees which have clear prehistoric antecedents (the giant ferns and podocarps, etc.) often adorn kiwi residences. As a consequence of all of this geological "dynamism", the modern visitor to New Zealand can see in the course of one day's drive features such as high deserts, snow-covered mountains, dunes, bush and beach. The natural environment is such a core value of New Zealand's identity that interpretations of it will cover most of the entire first floor and grounds of the new Museum.

"A land uplifted high" is how Abel Tasman referred to this place in 1642 as he gazed-up from the prow of his Dutch vessel at the elongated snow-covered spine of the Southern Alps. Although he was only passing-by, he left his mark with the name "New Zealand" after the Netherlands province of Zeeland. After Tasman, it was not until 1769 that Europeans began to take a significantly closer look. Captain James Cook visited and studied New Zealand on many occasions, and he later claimed that the best way to "enter" the South Pacific was by way of New Zealand. Still, European settlement of New Zealand did not begin in earnest until the 1840s, fully seventy years after Cook's first landing. Of course, there were others here before, and they – the "people of the land" – had their own name for it: *Aotearoa* or "The Land of the Long White Cloud".

In his recent book, *Making Peoples,* James Belich records, "Some time ago – current scholarship suggests between AD250 and 1150, if that's any help – a group of Polynesians became the first people to settle New Zealand... They are the main ancestors of the New Zealanders, and New Zealand is now their main country – more live here than in any other place. Their history... is part of New Zealand prehistory".[5]

When Cook arrived, his crew estimated that approximately 100,000 Maori resided in New Zealand, and although *iwi* (tribes) were scattered far and wide, they bore a notable resemblance to one another in custom and matauranga (Maori knowledge).[6] Not surprisingly, when English settlers began to arrive tensions increased. New settlers began to demand protection from the Maori, and Britain – being overcommitted elsewhere – at first was not keen to contribute assistance. It was only when the French began efforts to colonise New Zealand that English interest increased rapidly.

With English emigration increasing, it was clear that a policy was needed regarding Maori – Pakeha (Europeans) relations. Thus, in 1840, the Treaty of Waitangi was drafted and signed. This document is so central to the founding of this bicultural country that New Zealanders often compare it to the U.S. Bill of Rights and Constitution. With the signing of The Treaty, Maori ceded *sovereignty* over their lands to the Queen of England. In exchange, they were to receive the protection of the Queen. The Treaty granted Maori the same rights as the English. The Treaty also guaranteed the Maori full *possession* of their own lands, estates, forests and fisheries. However, if they were to sell these lands, the first right of purchase would go to the Queen's agent. The Treaty is so central and so controversial a document that it is cited daily in the newspaper and is argued regularly in court, especially those issues of *sovereignty* and *ownership*. The Treaty has ensured an ongoing debate between Maori and Pakeha for years to come. In this regard it has worked in its own way to encourage "a *more* perfect union" through constant dialogue and debate. The challenge is to make sure that the dialogue is informed and as free of prejudice and hatred as possible. This is exactly where the Museum comes-in.

Just as New Zealand is a bicultural country, so too is the Museum a bicultural institution. *Biculturalism* refers simply to those, a) who are in New Zealand by right of first discovery; and, b) those who are in the country by right of the Treaty. Consequently, the Maori are the *Tangata Whenua* (people of the land) and the Pakeha are the *Tangata Tiriti* (people of the Treaty). Pakeha were originally "European", but with current migration patterns, the term has become a misnomer. A Pakeha can be an Indian, Russian, American, or Taiwanese, in fact, *anyone* who is here by right of the Treaty. Both cultural mainstreams of Maori and Pakeha are considered Treaty partners. But, partnerships depend on mutual respect and heightened understanding. To get to that place, a safe setting, ongoing dialogue and patience is required. This again is where the Museum comes-in.

The Museum as Journey

"The Museum of New Zealand Te Papa Tongarewa is a forum for the nation to present, explore and preserve the heritage of its cultures and knowledge of the natural environment in order to better understand and treasure the past; enrich the present and meet the challenges of the future."[7]

So reads the Parliamentary Act which began the Museum in 1992. This would not be the first national museum in New Zealand. The Dominion Museum opened in 1907, and later – in 1936 – the nation's collections were moved to a larger purpose-built home above Buckle Street and overlooking the city of Wellington. This building, as one can imagine from the era, is very representative of the 'temple on the hill' variety of museum that is common throughout the Western world. Under Buckle Street's one roof were housed both the National Art Gallery and the National Museum. These two separate museums had two separate approaches, and each – within itself – was divided into clear disciplines and departments. The story is so familiar to that of museums world-wide that it will hardly be necessary to expand upon it here. Suffice it to say that the growth of collections, coupled with the evolution of museum thinking internationally, required serious consideration of the next chapter in the history of the national museum. Change was imminent.

By 1992, the year of the Te Papa Tongarewa Act, public perception of the museum was that it was regional rather than national in scope and programmes; that it had firmly-protected operating money from government; and that it was a very disciplined-based institution. To enter into this new era, repositioning was necessary.

Former Prime Minister and Ambassador, Sir Wallace Rowling was a major force behind the effort to convince government to fund the new Museum. A renaissance of interest in Maori culture, increased debate over Treaty issues, and a growing focus on matters having to do with increased national identity were but a few conditions that combined to create the atmosphere of support for the Museum effort.

The 1992 repositioning statement called for a museum that would be bicultural, nationally significant, customer focused and commercially positive. It outlined the development of an institution that would continue to "speak with authority" about Pakeha and Maori scholarship while also providing a new and "outstanding visitor experience". The concept statement also outlined that the museum would be divided into three conceptual, not departmental, wings: *Papatuanuku; Tangata Whenua; and Tangata Tiriti*. (I trust that it now has become apparent why I have spent some time on matters of context in the section above; and because of its importance to every aspect of the Museum, I will spend a little more time with the concepts here).

Papatuanuku, Earth Mother, dwelt with Ranginui, Sky Father. The union of the two bore many children, all of whom lived for eons within the utter darkness of their seemingly inseparable parents. In time, Rangi raised his arm, and the children were given a glimpse of light. At that point they decided that, only by separating their parents would they be able to let in the light forever. After great exertion, this was accomplished and light washed into the world. The loving mother and father have not been reunited since, but their love for one another and their children can be seen through all creation and in all natural phenomenon. It follows that the concept of Papatuanuku is the Museum's 'home' for programmatic developments in the realm of the natural environment. Meanwhile, *Tangata Whenua and Tangata Tiriti* pertain to the first people of the land and those who are here by right of the Treaty, as discussed; and matters of history and culture are centred within these two concepts. By organising in this conceptual way, the Museum is able to avoid the pitfalls of strict departmentalisation, ensure highly interdepartmental and interdisciplinary thinking, and encourage creative discussions between the two cultural partners.

Everything we do is influenced and informed somehow by these three concepts. Even the architecture of the building symbolises them with, for example, the *Ihonui,* or central core, representing the vast space in-between Rangi and Papa. From the base of the *Ihonui,* the collections on the easily-observable gallery levels above, are symbolic of the creation between earth and sky with the floor level appropriately given over to the Museum's natural environ- ment exhibits and interpretations. Furthermore the huge new building has not one but two different key alignments: The front of the building is parallel to the European city grid of Wellington laid out in the 19th Century; while the Maori Marae (discussed below) faces in the same direction as Marae throughout Aotearoa New Zealand.

The 1992 repositioning statement for the Museum continued by calling for a national museum which expressed the unique culture and environment of New Zealand; which recognised the *mana* (influence or prestige) of the two cultural mainstreams, Maori and Pakeha; which strived continually to make effective statements regarding the nation's identity; and which, through the telling of the stories of all New Zealanders, would become a source of pride for the country.

To do this, the Museum – in addition to being bicul- tural – would also need to integrate collections, become multi-disciplinary in its thinking and undergo as massive a change-management effort as it was with its building effort. Never, it seemed, had the term "a plurality of professions" better described the museum. Jobs unlike any the institution had ever had were created. Human resource advisers, marketers, development officers, and project officers were only a few of the new professionals introduced into the traditional setting. Team-based contractual work took the place of highly-departmentalised approaches. In short, the Museum was no longer to be completely supported by the government but would have to begin to fend for itself in the marketplace if it was going to be successful. The government itself has been taking enormous steps away from the traditional cradle-to-the-grave welfare state toward a much more entrepreneurial approach to management. More than ever before, the Museum was seen as a business and expected to show signs of it.

With these challenging mandates, the Museum's Chief Executive, Cheryll Sotheran, and the Kaihautu, Cliff Whiting, presented another more focused repositioning plan to government in 1994. It outlined what would doubtless be an "outstanding Day One experience"; it identified and targeted new audiences; it promised a building that would be completed on time and within budget; it assured the government that all programmes and activities would be credible; and, finally, it promised a National Services that would work in partnership with museums throughout the country (many of which were already concerned about the prodigious amount of government money that was going into one single project).

The plan worked... somewhat. Government was attracted much more to the ideas than to the actual funding request; and it required the *optimum* visitor experience while offering to support only part of the cost, leaving the Museum to cover a quarter of its operating costs.

By 1995 the positioning of the Museum had reached an even greater clarity of vision with the identification of four key principles:

1. The Museum is bicultural;
2. The Museum is customer focused;
3. The Museum speaks with the authority that arises from scholarship and matauranga Maori (Maori scholarship); And,
4. The Museum is commercially positive.[8]

Each one of these key principles relates actively with the other three principles, and the future health of the museum will be measured by how well the positive tension among the four principles can be developed and maintained. Consequently, the development of strong units that can represent and negotiate these principles has been (and will continue to be) paramount to the Museum's success. As the reader can easily attest, the tensions amongst these four areas are not always as positive as one would wish; but every participant at this Museum contributes to the negotiations with both a high degree of respect for other participants, a spirit of compromise, and a very clear understanding of the overall values and mission of the organisation. Of course, a major building project and firm opening date (14 February, 1998) do nothing but sharpen our focus in increasingly constructive directions, as well. (By the writing of this article, most of the major change management issues have been addressed, the building is on time and under budget, and the Museum is preparing for the actual relocation of staff and collections to the waterfront building and an off-site storage facility).

The Four Principles

1. Biculturalism

Biculturalism is so central to the New Zealand experience, that the Museum not only addresses it programmatically but attempts to live and breathe this principle in all it does. This is not to say that it has biculturalism "right" yet, but what is more important than getting it right just now is getting it *into* our daily discussion about how we do things and how we relate to one another. This entails constant negotiation which is built upon a bicultural organisational structure. Toward this end, the Museum has two directors: The Chief Executive and the Kaihautu. Furthermore, each "partner" is represented on the Museum's Board and advisory committees. As well, committees and working groups are developed within the organisation that consist of Pakeha and Maori representation; and, of course, training programmes in protocol (tikanga) and language (Te Reo) are regularly offered to staff, and attendance is high.

There is much work to be done developing the partnership outside the Museum, as well. One of the challenges inherent in such a massive building programme is that people perceive that the museum is a single building. Nothing could be further from the truth. Negotiations with the tribes (iwi) are ongoing, and the concept of reaching out *beyond* the building is practised daily through these discussions and programmes. These associations are long-term ones and they most certainly do not develop overnight. Each partner realises that there is infinitely more value in the undertaking of the conversations than necessarily in the completion of them. Maori have been traditionally skeptical of Museums as homes for their taonga, and the clear understanding between the partners is that the Museum is simply caring for the objects and *not* the owner of them. Thus, through this understanding, the legal challenges that cripple other museum efforts worldwide are avoided, and the relationship is placed upon what I believe to be a much higher and practical plane.

Biculturalism is also a major component of the Museum's National Services programme with staff working closely with iwi in the development of partnerships which lead to the establishment of other initiatives and programmes throughout the country. Consequently, a number of iwi-initiated museum efforts are springing-up throughout Aotearoa resembling somewhat the Mille Lac effort at the Minnesota Historical Society.[9]

Exhibits in the Museum strive to be bicultural throughout, as well. Even though a major hall will concentrate on Maori culture and heritage and other halls will be devoted more directly to Pakeha culture, attempts to integrate stories are made as often as they are possible and appropriate. Symbolically, a central wedge-shaped space that architecturally reconciles the two different orientations of the building (discussed above) also serves as a place in which to reflect upon the question of how two cultures, growing together over the past century and a half, have come to create a unique country called Aotearoa New Zealand. Above the visitor, in this central space, will be hung an enlarged reproduction of the Treaty of Waitangi with English and Maori translations gracing the walls on either side.

This central place will be a place of reflection; and if it works as well as we think it will, it will be a reverential heart of the museum, for here the visitor will be able to internalise the stories told throughout the experience. Here, in this safe center of the Museum, visitors will have the opportunity to both think about *and* feel what it means to be a New Zealander. Here, the visitor quite possibly will appreciate that history is change over time and that the question of who we are is as changing as the land upon which that question is being asked. They will understand that both the country and the Museum are not static places but journeys in which they, too, have a role. They will understand the importance of the process of discussion and the significance of a forum for discussion, and they will return to this dynamic place where such notions have matured. And, here they will find not only safety in place but an increasing safety in change through a feeling of being more in control of their choices. If these possibly-quaint-sounding ideals do not pass easily across the border into Canada, one's skepticism may be diminished by knowing that in the last national election nearly 90% of the population voted. New Zealanders are attentive and engaged and quite interested in matters of identity and culture.

Another significant bicultural feature of the Museum will be its Marae. A Marae is an enclosed space in front of a ceremonial meeting house. It is the space on which meetings are held and visitors are greeted. Ancient in its grounding, the protocols that existed long ago are still practiced today. In more than a few ways, the Marae resembles a museum. The Marae is "a turangawaewae" or a place to stand. It is a place in which one can gain an understanding of self and place within the *whanau* (family), *hapu* (clan) and *iwi* (tribe). A Marae is a place where thoughts and emotions can be expressed freely; and, for visitors who come with good intentions and mutual respect, a Marae is a place of welcome, as well. Despite the stern challenges one receives when entering a Marae, once a person is accepted it becomes one of the most hospitable places on earth where the placing of others above oneself prevails (*manakitanga*).

The Marae at the Museum of New Zealand will be a national marae and governed by the concept of *mana taonga*. This means that any culture that has collections within the Museum has the right to "stand" on this Marae. It is not solely for Maori although the protocols practiced there will be in respect to Maori tradition. Intellect and emotions, the exact and imagined, will be equal guests on this Marae, as they already are on any other in the country.

Maori respect for heritage and taonga substantially enrich the museum experience. I first noticed this when standing on the Tarmac in Auckland in 1986 as the exhibition, *Te Maori,* returned from its North American tour. While westerners tend to discuss the life behind the object and strive to interpret the people who created them, the association goes so much deeper with Maori. The taonga *contain* the spirits of the ancestors, and it is an honour bestowed upon subsequent generations to care for, or *warm,* the taonga. Sid Mead said of *Te Maori*: "In the Maori view... we are not dealing with an exhibition of inanimate objects. The particular collection assembled for display in the United States consists of taonga which contain immanent power and on which are pinned a host of powerful words. The sensitive viewer will *feel* the presence of power, but will be unsuccessful in actually isolating a source, or in describing its exact nature, and in measuring its identity".[10] Consequently, there is chanting and often weeping among the taonga, and there is always powerful ritual which accompanies the moving of taonga. These rituals are nearly always in Te Reo Maori and are always very emotive with iwi offering *mihi* (acknowledgements) and *karakia* (prayers) throughout. For an American living and working in New Zealand, this deep and abiding respect for the spirit contained in the object and the direct link that the object has to family and place, lends a grounding and deeply affective connection to *all* objects in a collection. It enhances the notion of a museum as a place where the intellectual and the emotional, the exact and imagined, significances of things can live in harmony and be equally respected and appreciated. Westerners sometimes get quite skeptical about matters pertaining to emotions. They are often dismissive about the value of that inexplicable *gusto* (to use a term from the English romantics) that exists between object and viewer. An acquaintance with taonga and Te Maori is enough to make almost anyone a believer. (See Carol O'Biso's book, *First Light*, a recounting of her associations as an American helping to curate the *Te Maori* exhibit).[11]

2. Customer Focus

With ever-increasing competition for leisure time, the Museum has taken its task of understanding its potential audiences very seriously. Focus interviews and audience segmentation surveys have been a constant accompaniment to the project development and strategic planning process. Close work with marketing and advertising agencies has also led to a greater awareness of trends as well as of positioning and branding opportunities for the Museum.

Major consumer trends in New Zealand are not unlike those in North America. Customers today have rapidly-rising expectations of the service they will be offered. Whereas once people expected basic services like a seat on a plane, nowadays the New Zealander has grown to expect skybridges onto planes and comfortable waiting areas, sometimes complete with magazines and newspapers. If these services are not provided, the law of competition dictates that they will look to the other airline that *will* offer such services. And, once that height of service is reached, the bar is set even a bit higher, and so forth. Furthermore, person-to-person service is vital to New

Zealanders today. They want to know that they are valued as people first and that they will have their needs met in both a personable and professional manner. Finally, another major trend is that New Zealanders have developed a need to feel more in control of situations.

Along with these rising expectations, there goes an increasing understanding that the user expects to pay for more and more services, and there is also a consequent and concerning tendency for people to fend for themselves more than to be concerned greatly for community or environment. Finally, there is among most a fear of technology threatening the continuation of the personal touch in transactions. In addition, throughout the country the family is considered to be under threat, work seems harder, and security is more unpredictable than ever before. Clearly, in all of these respects, New Zealand is not unique in the western world.[12]

Such findings have informed the programmatic efforts at the Museum, and the development of a highly customer-focused institution is paramount to our effort. Visitor service staff are currently being trained *and* given authority to solve problems that arise "on the spot" and not, *surely not*, refer it to yet a "higher authority".

Our audience segmentation surveys are fathoming the motivations of not only the traditional museum visitor but also those who have never set foot in a museum before. The findings have resulted in some very interesting programmes in the new museum. It has been expected from the beginning, that the Museum would "help change peoples' perceptions of museums" by offering very non-traditional educational opportunities. Towards this end, prolonged discussions with theme park and leisure industry leaders worldwide have punctuated the Museum's planning, and some very creative attempts to marry the best of both worlds have been undertaken. Let me give you some examples of how this institution will strive to accomplish such marriages in an effort to attract wider audiences:

The Natural Environment Exhibits

Remember that the Museum's first exhibit floor will be occupied chiefly by exhibits interpreting the natural environment of New Zealand. While the bulk of these exhibits will be indoors, an expansive part of these exhibits will be outdoors, as well, in an area which is currently being called "Harbour Park". This park is a recreated native bush setting replete with caves, representative geological formations, a swing bridge, whitewater and surrounding thick, native bush. The park will also contain an amphitheatre for special events and a fossil dig enabling visitors to search for the fossilized remains of a prehistoric reptile (recreated). Interior natural environment exhibits will be no less enveloping and will afford people the opportunity to walk through recreated natural scenes representative of the alpine, bush, and coastal regions of the country. Yet another nearby exhibit on floor one will interpret the forces that continually work to create New Zealand from prehistory to the present – volcanoes, earthquakes, wind and water. Throughout these natural environment spaces, recreated settings, affective interactives, sounds and smells will all combine to transport guests to places where their disbelief can be suspended and their imaginations engaged.

Themed Attractions

Perhaps no other area of the new Museum, however, challenges the notion of the traditional museum than the *high energy* or *themed attraction* area. Employing techniques long-used in theme parks (and employed at museums like the *Yorvik Viking Centre* in York, England), the Museum is offering three areas in which similar but now more advanced options will be available. First, there will be a region which enables visitors to take a simulated ride into the deep recesses of prehistoric New Zealand. (Filming for this programme is currently taking place in some of the country's national parks). Visitors will experience the sounds, smells and settings of the land that existed eons before human existence. The ride, based on sound research, will place visitors in the midst of a strange primordial setting where they will feel quite insignificant among the likes of the menacing giant Harpagornis eagle which was so large that it preyed on animals as large as the huge two metre high Moa.

Yet another section of the themed attractions will enable visitors to experience virtual reality bungy jumping (purportedly a New Zealand invention) as well as surfing and sheepshearing. A third section of this high energy area will feature a highly interactive glimpse of the future, the focus of this tour being Wellington in fifty-years time. The cutting-edge of interactive technology is being employed here as well as experts like an audioanimatronic specialist fresh off the set from the movie, *Babe*. These "themed attractions" are specifically intended to attract both the traditional and the non-traditional audience and no small amount of earned revenue, as well.

On another level above these attractions the majority of the Museum's cultural and historical exhibitions will be on display. Exhibits here will focus on such aspects as Maori culture, New Zealand art and design, immigration to New Zealand, the Treaty, and the people of the Pacific, to name a few. Each of the major exhibit areas in the Museum will be supported by a "resource centre" which will very much resemble a large living room into which visitors may go to learn more about any aspect of the

exhibits and the stories they tell. Computer interactives
will enable guests to key into actual collection information,
call up digitised images of items, view programmes on
CD-ROM as well as discuss any questions and concerns
with museum staff. The resource centres will also serve as
a stepping-off place for behind-the-scenes tours of the
Museum.

The traditional boundaries between "back of house"
and "front of house" will be blurred remarkably in the
new Museum. Curators will be proximate to guests and
available to lead tours, give talks, and respond to queries;
Glimpses of behind-the-scenes storage areas will feature
clearly in aspects of most exhibits with, for example, a
view into the massive marine mammal collection available
at the end of the natural history exhibits. In addition, an
extensive information services centre will be accessible to
guests who wish to pursue further research.

Peppered throughout the exhibit experience will be a
variety of "added value" visitor services such as restaurants
and coffee bars and bookstalls. Furthermore, one of the
largest single spaces in the new Museum will be devoted
to short-term exhibitions. Nearby, there will be conference
facilities, an auditorium, and classrooms. Because of the
Museum's central position on the Wellington waterfront,
the institution's daily opening hours will be quite long.
The capital city is rapidly redeveloping its harbour area
which is already quite alive and well with regular ferry
service to the South Island, the arrival of international
cruise ships and an active wharf for heavy cargo. While
many cities have a questionable margin that exists between
the harbour and the centre city, Wellington's foreshore is
very accessible to the city's core. Consequently, the shore-
line is increasingly enhanced by visitor amenities such as
restaurants, parks, housing developments, a promenade,

and even the building of a casino is a possibility. Despite the seismic concerns which are shared by everyone, the Museum has positioned itself well and prominently in the center of impressive urban redevelopment.

This positioning has led the Museum to anticipate 700,000 visitors in the first year of business and more than a half-million during each subsequent year. As seen, it intends to attract these numbers by telling the stories of the people of New Zealand in both accurate *and* imaginative ways; and it intends to appeal to visitors in such a customer focused way that they cannot help but to come again and again. The Museum intends to position itself as a place where there is always something happening and always something changing. Wellington, if not the country, is thirsting for such a venue. Surveys of the Wellington region alone indicate that, given the description of activities above, this segment of our potential visitors expect to visit many times each year.

3. Speaking with Authority

It seems to be a perverse reality that whenever education becomes entertaining, suspicions about accuracy emerge among certain quarters of museum-goers. "How can something that is fun", they wonder, "be educational at the same time". While I was employed by the outdoor history museum, Old Sturbridge Village in Massachusetts, we occasionally conducted a survey of our visitors which queried, "Did you come here for educational or entertainment reasons?" Almost without exceptions, dutiful parents with children in tow responded that it was "education" that brought them here, but most other respondents admitted to entertainment being the attraction. We need to leave behind these silly dichotomies if only in an effort to get to the larger, more productive issue: How does the museum marry the best of both in order to attract greater audiences and make a bigger difference in society? How do we compete with leisure time venues like theme parks while maintaining our rock-solid scholarly base? I have identified ways in which the Museum is attempting to entertain, but now I will discuss concurrent efforts we have been making to fortify our scholarly base.

Scholarship is so important to the Museum that it has become one of the four underlying principles of our work. With our approaches to scholarship becoming more inter-disciplinary, it was important for us to: Look at the nature of our own current scholarship; Explore the definition and potential of Maori scholarship *(Matauranga);* And, to develop the criteria within which we would undertake further research in the future. A strategy entitled, *Speaking with Authority* was developed by museum staff and approved by the Board last year.[13] This strategy recognises and appreciates the fact that the institution is undergoing a huge transition; it respects the fact that the Museum has a rich heritage of scholarship and collecting in certain areas like the natural environment, for example; and it defines four themes that will help focus and facilitate our research efforts in the future. It has chosen themes because they appreciate the fact that, *a)* history is the study of change over time and, *b)* themes also accommodate the bicultural and the interdisci-plinary better than any other approach could. Furthermore, the thematic approach to a scholarship strategy also invites (rather than excludes) researchers into the discussion about how research outputs can be defined and aligned in the future. Our four themes are:

* ***Becoming Aotearoa New Zealand,*** Of the natural forces that created and continue to creat Aotearoa New Zealand;

* ***The Peopling of Aotearoa New Zealand***, Of the Tangata Whenua and the Tangata Tiriti and their interactions;
* ***Life In Aotearoa New Zealand***, How New Zealand creates and the material life in New Zealand; And,
* ***The Museum Serving the Community***, Of the research that is undertaken in an effort to serve our communities better, protect their taonga and refine our management of the enterprise.

The Museum staff have supported this approach because it respects their extensive expertise as well as challenges them to be creative and interdisciplinary. Although the number of themes and subthemes are very western in style, the approach to the scholarship and Matauranga is very Maori in that it has inititiated a negotiation between partners that will be as long-lived as the Museum itself. Understanding the full significance and potential of the partnership with Matauranga is a challenge and a bit of an unknown, but that is understood by all to be a significant benefit of the journey. Our current efforts address questions of infrastructure, the development and recruitment of a stronger Matauranga army and the strengthening of linkages with allied organisations like universities, *wananga* (Maori learning centres), polytechnics, and Crown Research Institutes throughout New Zealand. These collaborations will not only ensure greater credibility in our future programmes but they will also help us to become more commercially positive.

4. Commercial Positivity

The Museum of New Zealand Te Papa Tongarewa is, with exhibits, a NZ $317 million initiative and, when open, will employ in excess of 250 staff. With a quarter of the funding for the institution having to be found from other-than-government sources, an entirely new commercial wing of the institution has rapidly come into being. This wing's responsibility is not necessarily to 'own' the commercial mandate but to develop and implement a strategy wherein all members of the staff contribute to answer the question, "How can the institution make the most of its commercial opportunities?". In addition, a fundraising effort has begun at the Museum, and this aspect of museum work in a country that has had a history of near-complete government funding is still a virgin land activity. Unfortunately, the soil in this land is more arid than it is in countries like the United States. In New Zealand there are not nearly as many tax incentives for giving to institutions like museums; and the kiwis (a culture known for their frugality) are a comparatively hard population to sell on the idea of large donations to cultural causes. Consequently, corporations tend to be the major targets, but for reasons cited above, the garnering of funds from them is no easy matter, as well. The question of sustainability will feature heavily into post Day One planning, and not surprisingly there is no early indication that the government will reverse its inexorable movement away from support of not-for-profits.

The Museum has been committed to the concept of free entry from the project's inception, but it sees that within this toughening economic environment there are many ways to garner revenue. Numerous earned revenue tracks have been identified and developed ranging from conference facility rental to themed attractions; from shop sales to restaurant proceeds. Among our chief challenges will be that of meeting revenue costs while protecting the visitor from a sense of being charged every time he/she turns around. Another challenge for us will be to embrace the brand values of the museum so thoroughly as to ensure a continued sensitivity to the qualities inherent in the Museum's other three principles of biculturalism, customer focus and scholarship.

Maintaining a balance among these principles is a constant effort within the Museum of New Zealand Te Papa Tongarewa. As Day One approaches, the controversial and nagging questions of architecture and location lessen and other concerns like that of interpretive balance among the cultures and size of the institution move-in to take their place. Only time will tell how the questions are to be resolved, and the most that Museum staff can do is to anticipate them and proceed with the implementation of the institution's well-defined plan.

Many of the public questions asked, especially those of balance between the two mainstream cultures, are more related to prejudice and therefore indicative of the need *for* a museum rather than any argument against this need. And, even in the near-daily asking of them within the press, one sees more clearly than ever the crucial need that this nation has for a 'forum' like the Museum. New Zealand is no utopia, as some have wanted to believe; and, although its reforms have often served as a model for the world, there are also very basic problems here like racism and prejudice. What is surely different about New Zealand is that, in recognising what museums and culture can do to help alleviate these deleterious conditions, and it has made it an actual act of parliament to undertake the largest national museum effort in the world in order to build a place where important national discussion relating to identity and cultural tensions can take place in the relative cultural safety that a museum can provide. It is committed to an institution which it believes can combine a presentation of the accurate and real picture with the provocation necessary to ensure that imaginative inquiry takes place throughout one's experiences with the Museum. The resulting planning process, through its bicultural approach and its programmatic designs, has attempted in every way to wed the exact with the imagination, the intellectual with the emotional.

A remarkable and bold initiative is being undertaken in this relatively small country. Here, the government is committed to creating a fully-bicultural institution the intent of which is to assist with an understanding of what the country is, where it is currently, and where it might go. To say that progress is difficult is to understate the case, but this country has always tended towards innovation, be it in woman's suffrage or the creation of state of the art yacht hulls. In this initiative, New Zealand is spending for the vast rewards of an increased awareness of and trust between two mainstream cultures. Sometimes, in the volumes of newspaper articles critically examining some aspect or another of this project, it is refreshing to look-up and consider this: If a "forum for the nation" were not contro-versial, would it be, could it be… a forum for the nation"? Stakeholders might sometimes cringe at the approaches the Museum takes towards interpreting cultures, and funding for such efforts no doubt will be questioned on occasion in Parliament. All of this is part of the way things are, and the perpetual challenge for the Museum will be to maintain the balance between not only the exact and the imagined but also to tune constantly the positive tension among the four underpinning principles of biculturalism, customer focus, scholarship and matauranga, and commercial positivity.

Setting Four

THE EXPLORATORIUM, SAN FRANCISCO, 1984

Founder, Frank Oppenheimer leans back in his seat to answer the question, "Why did you begin this Museum?" Looking out from any one of his office windows at the considerable and noisy activity surrounding him, he pauses before answering. One unfamiliar with his great humility would think that he was actually reflecting proudly on his *magnum opus*. As he scans the inside of the vast hanger, he sees children experimenting with echoes here, while – there – people jump in and out of the exhibit on light refraction. Over in the corner he sees that the new exhibit on magnetism is a smash as families queue up to participate in it... "I started the Exploratorium because I was worried", he said. "I was worried that children today were not asking the questions that we asked about the world when I was a child: 'What makes electricity?' 'Why is the sky blue?' 'Why is water so different when it freezes?'". "In this nuclear age we cannot afford to be so disinterested", he continues. Oppenheimer wanted to create a "woods of learning" where people once again asked questions about natural phenomena and, in the asking, learned to ask more... and imagine. He wanted to create a place where the imagination would thrive and where exact science would not intimidate and scare people away from the question. In so doing, he created an institution of *exact imaginings,* and he created a public that has visited again and again. Now, children who visited Oppenheimer's wonderhouse when it was young are back with their own families, because long ago a dialogue and certain journey began for them.[14]

The Museum is not a place. It is a journey.

William J. Tramposch *is Director of Museum Resources at the Museum of New Zealand Te Papa Tongarewa in Wellington, New Zealand. Having held two Fulbright Fellowships to New Zealand in the 1980s, he was invited to return and assist with the opening of this NZ $280 million project due to open on the waterfront of Wellington in February of 1998.*

With more than twenty years in the museum field, Tramposch has been Director of Interpretive Education and Special Programme Officer at the Colonial Williamsburg Foundation in Virginia for ten years, and has also served as Executive Director of the Oregon Historical Society as well as President of the New York State Historical Association and The Farmers' Museum in Cooperstown, New York. He began his career at Old Sturbridge Village in Massachusetts. Tramposch holds an A.B degree (Phi Beta Kappa) from the University of California at Berkeley and a Masters and Doctorate from the College of William and Mary in Williamsburg, Virginia. Prior to leaving the United States for New Zealand, he served as the Vice-Chair of the AAM/ICOM National Committee.

Notes

1. AXTELL, James. *Beyond 1492*. New York; Oxford University Press. 1992. p. 7.

2. ISAAC, Rhys. *The Transformation of Virginia*. University of North Carolina Press; Chapel Hill. 1982.

3. SHUPE, John F. (ed). *Atlas of the World*. National Geographic Society; Washington, D.C. 1995. pp. 120-130.

4. BISHOP, Nic. *Natural History of New Zealand*. Hodder and Stoughton; Auckland. 1992. pp. 13-15.

5. BELICH, James. *Making Peoples*. Penguin Press; Auckland. 1996. p. 17.

6. OLIVER, W.H., (ed). *The Oxford History of New Zealand*. Oxford University Press; Wellington. 1981. p. 63.

7. *Museum of New Zealand Te Papa Tongarewa Act*, Parliament. 1992.

8. *Statement of Intent, Museum of New Zealand*. 1996.

9. COLEMAN, Nick. "A Spirit Unbroken"; *St. Paul Pioneer Press*. 19 May 1996. p. 6.

10. MEAD, Sidney Moko.(ed). *Te Maorii: Maori Art from New Zealand Collections*. Heinemann Publishers; Auckland. 1984. p. 23.

11. O'BISO, Carol. *First Light*. Heinemann; Auckland. 1987.

12. From a trends analysis presentation given by representatives of Colmar Brunton Agency, Wellington, New Zealand. 6 February 1997.

13. TRAMPOSCH, William (ed). *Speaking with Authority: A Strategy for Scholarship and Matauranga at the Museum of New Zealand Te Papa Tongarewa*. Museum of New Zealand Te Papa Tongarewa; Wellington. 1996.

14. TRAMPOSCH, William. "Exploring the Museum Experience: An Interview with Frank Oppenheimer", *History News*. July, 1983. pp. 19-21.

LES MUSÉES ENTRE LA TRADITION ET L'ADAPTATION

Roland Arpin

Directeur général
Musée de la civilisation
Québec

Abstract

Roland Arpin *reflects on the general context of societies undergoing profound transformation, on the social climate which characterizes the end of the century, and on the attempt at adaptation this context implies. He then analyzes their effects on the arts and culture. In our functional societies, the artist's creative power takes on special significance. With the multiplication of communication networks, the interpenetration of cultures and the development of new technologies, the artist increasingly expresses himself through a variety of languages and genres. The author invites us to celebrate this "decompartmentalization" of disciplines which at once frees, increases and enriches artistic creation. In the fashion of creative people, museums must adapt, diversify and open up to the outside world. To each its own strategy. Here, the example is the Musée de la civilisation, which has adopted a museum "laboratory" approach. The museum concept is the subject of strategic and cultural choices in the handling of communication. The author explores and identifies six "horizontal dimensions" of* *the Museum's concept; diversity and coherence of themes, innovation as the motor of action, involvement in society-wide issues, discovery of other worlds and enhancement of differences, multiple methods of communication, and finally, the question of roots and the culture of historical memory. Museum products are also influenced by two "vertical dimensions," namely interdisciplinarity and a multilingual approach. In conclusion, the author proposes a profile of the characteristics of museums of the future... that of convivial institutions, open to exchange and innovation, and capable of adaptation in an ever-changing environment.*

Il est visible que la Cité, à mesure qu'elle se formera et deviendra plus une ne sera plus Cité; car naturellement la Cité est multitude [...] On doit donc se garder d'admettre cette unité absolue, puisqu'elle anéantirait la Cité.

Aristote (Politique)

Le foisonnement extraordinaire des musées, au cours des dernières décennies, est tel que personne ne saurait prétendre en embrasser l'ensemble dans une réflexion de quelques pages. Faut-il rappeler que le mot « musée » ne jouit d'aucune protection, d'aucun critère de définition quantitative ou qualitative, qu'il n'est coiffé par aucune loi, ni ne fait l'objet de quelque brevet que ce soit. Cela est bien ainsi ! Certains musées minuscules sont de l'ordre du reliquaire, alors que d'autres sont de véritables mausolées de l'art. Certains se présentent comme des temples à la gloire d'une période donnée, d'une École ou encore d'un artiste, alors que d'autres sont des lieux où les visiteurs s'éclatent. Certains encore sont le produit du coup de cœur d'un mécène, alors que d'autres sont de gigantesques institutions, dotées de moyens considérables, jouissant d'une main-d'œuvre spécialisée et d'une importante structure administrative.

Le cinquantième anniversaire du Conseil international des musées (ICOM) nous offre l'occasion de réfléchir à l'insertion des musées dans le monde présent et à leur rôle dans la culture dont ils sont à la fois les héritiers et les promoteurs.

En 1989, l'ICOM adoptait une définition[1] de l'institution muséale, sans doute au terme de longues discussions. Cette définition vaut toujours, dans la mesure même où elle est large et généreuse. Force nous est cependant de constater que les musées naissent et se développent sans se sentir tenus à l'orthodoxie absolue. Ce qui est heureux !

Ce refus de la stricte observance appartient à l'air du temps. Il correspond à cette fin de millénaire au cours de laquelle les citoyens, malgré le foisonnement des lois et des règles et la multiplication des bureaucraties, revendiquent toujours plus d'autonomie et de liberté. Les gouvernements sont mis en demeure de décentraliser leurs pouvoirs et d'en rapprocher l'exercice des communautés locales. Pendant ce temps, les entreprises se voient contraintes de considérer leurs employés comme des partenaires et non comme de simples exécutants. Les mots «interaction», «interdisciplinaire», «partenaire», «réseau» font partie du vocabulaire courant de ceux qui prétendent à quelque leadership.

Ainsi en est-il dans nombre de musées de la dernière génération qui se veulent, plus que par le passé, des instruments de communication et des lieux d'éducation et d'animation. Leurs dirigeants n'osent-ils pas parler de leurs *clientèles* et de leurs *produits muséaux*? Les musées de société, en particulier, prennent des libertés considérables à l'endroit de la définition de l'ICOM. Vocabulaire à la mode sans plus, diront les uns, changements de comportement et de vocation fondamentaux diront les autres. Démocratisation, perversion culturelle, ouverture, sensationnalisme, autant de termes contradictoires qui sont utilisés pour magnifier ou stigmatiser. Les uns dénonceront *le culte de l'audimat*, les autres se réclameront de *la religion du portillon*. En muséologie comme dans les autres domaines de la pensée et de la culture, les idéologies tuent la vie, la vraie vie. L'ICOM propose une définition généreuse, surtout si on prend en compte le texte complémentaire qui l'accompagne dans ses Statuts. Le signal que donnait cette définition et qu'il donne toujours pourrait reprendre à son compte un texte bien connu : «Allez, croissez et multipliez-vous. »

Ce début d'exploration me conduit à un mot clef, *l'adaptation.* Ce terme est fréquemment utilisé pour évoquer le mouvement au sein des grandes entreprises ou d'administrations publiques ; adaptation obligée pour faire face aux grands développements technologiques, aux mutations dans les communications, à l'ouverture des marchés, à la délocalisation des entreprises, à la mondialisation des rapports, aux changements dans les rôles de l'État, à la nécessité d'un nouveau partage des pouvoirs au sein de la société.

Les arts et la culture, pas plus que la science et les technologies, ne sauraient échapper à cette obligation de s'adapter.

Les arts et la culture dans un monde en mouvance

Je reprends volontiers à mon compte cette belle définition[2] : « La culture s'hérite, s'acquiert, se construit, s'accumule et se transmet ; elle est communication. On la prend, on l'adapte, on l'adopte, mais on ne l'abandonne pas. » La question est inépuisable, particulièrement à notre époque, où l'élasticité de la notion même de culture risque d'en faire un fourre-tout. Ne parle-t-on pas de culture commune pour qualifier le niveau de connaissances que devrait atteindre chaque citoyen ? Ne parle-t-on pas de culture économique, alors même que ce domaine semble dominé par des pratiques éthiques à géométrie variable? Ne dit-on pas la culture de l'oreille, pour qualifier le développement de l'ouïe et la culture de l'œil pour le développement de la vision? Les gourous de la gestion n'ont-ils pas inventé l'expression «la culture d'entreprise» pour désigner une organisation respectueuse de certaines valeurs?

La culture dépasse de beaucoup le monde des arts et de la création esthétique, mais il faut insister sur le métier de créateur. Nous vivons dans une société dite fonctionnelle. Certains mots en décrivent bien l'idéologie et les tendances dominantes. On y parle de la performance de la main-d'œuvre, d'un monde du travail efficace et compétitif, du développement de l'employabilité, de l'importance du service «juste à temps», de la réorganisation, de la mobilité des travailleurs et que sais-je encore?

La grande force de l'artiste réside dans la liberté qui lui est accordée de puiser dans les richesses culturelles et dans l'héritage du monde, pour leur donner une seconde vie. L'intelligence et l'inventivité des hommes et des femmes, la dimension libératrice de l'invention technologique, les lieux humanisés par la main de l'homme, les territoires encore vierges, qui permettent le ressourcement dans la nature, les richesses de l'histoire et de l'archéologie, les conquêtes et les avancées de la science sont autant d'éléments d'un héritage universel et inépuisable dans lequel l'artiste puise continuellement. Mais l'artiste n'empile pas de telles richesses et n'engrange pas ses récoltes. Il leur jette un regard neuf, un regard de feu, pour les consumer et les transmuer, en quelque sorte. Il n'est de véritable artiste que celui qui transcende et qui transforme l'univers matériel, qui explore l'univers spirituel et qui fait éclater les apparences pour en faire découvrir le sens profond. Nous sommes ici bien loin d'une définition revancharde et manichéenne de l'art. L'art qui exprime tantôt la joie, tantôt l'espoir, l'espérance même, tantôt la douleur et l'angoisse, tantôt la fraternité et la solidarité. L'art capable de réunir les extrêmes, depuis les sonates de Debussy jusqu'aux symphonies apocalyptiques de Mahler, depuis les miniatures de l'art byzantin jusqu'aux œuvres vertigineuses des muralistes mexicains. Pablo Neruda[3], parlant du métier de poète, termine ainsi son admirable réflexion :

> La poésie est le penchant naturel de l'homme et elle lui a inspiré la liturgie, les psaumes, et aussi le contenu des religions. Le poète s'est mesuré aux phénomènes de la nature et, dans les premiers âges de l'humanité, il s'est donné le titre de prêtre pour préserver sa vocation. De la même façon, à l'époque moderne, pour défendre sa poésie, il reçoit son investiture de la rue et des masses. Le poète civil d'aujourd'hui reste l'homme du plus vieux sacerdoce. Lui qui avait signé autrefois un pacte avec les ténèbres doit maintenant interpréter la lumière.

Ce rapport de l'art avec l'univers n'est pas statique, pas plus que ne l'est l'univers lui-même. En réinterprétant le monde, Copernic et Galilée ont mis à nu des vérités scientifiques, en apparence immuables, qui avaient été élevées au rang de dogmes au fil des ans. Ces deux savants ouvraient ainsi des perspectives infinies aux sciences, notamment à l'astronomie et à la physique. De telles mutations ne sont pas exclusives au monde scientifique. Les développements technologiques fulgurants dont bénéficient aujourd'hui les créateurs et les créatrices ne sont pas moindres ; «Aucune activité humaine ne semble pouvoir se soustraire à l'influence de la technologie. Notre langage en est le témoin. Ne parlons-nous pas d'analphabétisme informatique, d'auto-routes informatiques, de maisons intelligentes, de robots autoreproductibles, de bébés éprouvettes, de télématique rose[4] ?»

Robert Lepage, auteur, comédien, metteur en scène, vit en orbite si on le compare aux créateurs cinématographiques des années 50. Les moyens dont il dispose, l'espace qu'il occupe, la mixité des genres qu'il pratique en font un «inclassable». Les chorégraphes actuels sont plongés dans la multicréation et la polyvalence des moyens. Les matériaux qui s'offrent au sculpteur, les sons nouveaux produits par l'électronique, la possibilité de travailler dans le gigantesque ou le microscopique, sont autant de voies nouvelles qu'intègrent des créateurs, dont plusieurs ne veulent plus et ne peuvent plus être logés dans une catégorie traditionnelle; ce qui plonge les bureaucrates de la culture dans la plus profonde perplexité. Déjà, dans les années 1600, Shakespeare entrevoyait ces mutations lorsqu'il écrivait, dans sa comédie *As you like it:*

> Le monde entier est une scène,
> Hommes et femmes, tous n'y sont que des acteurs,
> Chacun fait ses entrées, chacun fait ses sorties,
> Et notre vie durant nous jouons plusieurs rôles.

Une piste fertile mérite ici d'être ouverte: c'est celle de l'éclatement et du décloisonnement des langages et de la naissance des «multilangages». Les règles du classicisme, les certitudes du siècle des lumières, qui pouvait codifier dans sa grande Encyclopédie depuis la manière de fabriquer une aiguille jusqu'à la manière de fabriquer un canon, se sont fissurées avec l'arrivée de penseurs comme Marx, Darwin, Freud, qui préfiguraient le dialogue des sciences, de l'histoire et de la philosophie et la démarche pluridisciplinaire, pour l'étude des grands problèmes, plutôt que l'hégémonie d'une seule voie, fût-elle la philosophie, qui occupait jusque-là tout le terrain. N'est-ce pas aujourd'hui l'une des plus grandes richesses des artistes et des créateurs que ce décloisonnement des langages et des disciplines? La fertilisation croisée a fait ses preuves, en son temps, dans le domaine de l'agriculture et de l'élevage; «la pensée croisée» de la démarche multidisciplinaire est de nature, elle aussi, à engendrer de puissants hybrides, dans la création artistique comme dans les sciences humaines.

L'effet cumulatif, sur la création artistique, des emprunts aux langages philosophique, littéraire et scientifique, l'exploitation des nouveaux moyens qu'offre le son pour enrichir l'image, l'utilisation du mode virtuel pour pallier les inconvénients de la distance ou la non-accessibilité de certaines œuvres ou documents d'archives, la présence de techniques facilitant la production en tridimensionnel: voilà autant de voies qui favorisent non seulement la création d'œuvres plus riches, mais plus encore, l'accès à des œuvres essentiellement nouvelles, véritables composites qui préfigurent le prochain millénaire, dont le milieu de la création et de la culture ne saurait être que le portier.

Si les créateurs, notamment les créateurs en arts visuels, ont pris le virage de la mixité des genres et de l'éclatement des frontières traditionnelles entre les diverses disciplines artistiques, on peut postuler que les musées sont confrontés aux mêmes défis.

À l'exemple des créateurs, les musées doivent s'adapter

Je ne saurais embrasser l'ensemble des musées, car il s'agit d'une vaste flore où la variété surabonde. Je prendrai simplement appui sur le Musée de la civilisation que je dirige depuis son ouverture, en 1988. Je faisais état, ci-dessus, de l'évolution des conditions de la création et de la diversification des lieux, des matériaux et des domaines des arts. C'est la même piste que je voudrais explorer à l'endroit des musées qui sont des réceptacles de l'art et de l'histoire des civilisations. Le Musée de la civilisation a choisi de parier sur une approche de musée laboratoire, en diversifiant ses produits muséaux, en créant des univers intellectuels, sensoriels et émotifs différents d'une salle d'exposition à l'autre, en puisant dans la richesse sans fond des cultures et des civilisations, en mettant la muséologie et la muséographie au service des visiteurs et non l'inverse.

Musée de société, institution moderne, ouverte sur le vaste monde et préoccupée de mettre en valeur l'expérience humaine sous toutes ses formes, et particulièrement dans son expression contemporaine et actuelle, le Musée de la civilisation a poussé le plus loin possible certaines pratiques muséologiques lui permettant d'ouvrir des pistes nouvelles et d'atteindre ces objectifs.

Interrogés, les visiteurs du musée expriment trois attentes principales : nous voulons *apprendre* (lieu de connaissance), nous voulons *nous détendre* (lieu de loisir et de convivialité), nous voulons *rêver* (lieu d'enchantement), voilà ce que nous signalent constamment ceux qui fréquentent notre musée. Comment répondre à ces aspirations ? Comment le faire en conciliant les contraintes de la muséologie et la nécessaire adaptation que commandent de telles attentes ? Quelques pistes s'imposent d'elles-mêmes lorsque nous revenons sur l'action des huit années passées, qui nous a permis de maintenir un flux de fréquentation de 690 000 visiteurs par année, soit plus de 2 000 entrées par jour et de présenter, dans le même temps, environ 150 expositions temporaires ainsi que les programmes pédagogiques et culturels. Plus de 30 % des visiteurs du Musée de la civilisation disent ne point fréquenter les musées. Ce résultat n'est pas le produit du hasard ; il est le produit de choix stratégiques et culturels dans le traitement de la communication :

- la diversité et la cohérence dans les thèmes, les sujets, les approches ;
- l'innovation comme moteur de l'action ;
- l'engagement dans les questions de société ;

- la découverte de l'ailleurs et la mise en valeur des différences;
- la multiplication des moyens de communication;
- l'enracinement et la culture de la mémoire historique.

Voilà pour les dimensions horizontales du concept muséal tel qu'il s'applique dans le quotidien du Musée de la civilisation. D'autres dimensions, verticales celles-là, le *multilangage* et l'*interdisciplinaire*, traversent les dimensions horizontales et leur donnent toute leur cohérence.

Choix stratégiques et culturels dans le traitement de la communication

La diversité et la cohérence dans les thèmes, les sujets, les approches

L'élaboration de la programmation du Musée ne saurait se faire par simple juxtaposition d'expositions thématiques et temporaires, auxquelles viennent s'ajouter deux expositions permanentes. Les thèmes possibles sont innombrables. Le principal problème consiste à «composer» une véritable programmation cohérente et dynamique. Le visiteur parcourt des salles qui présentent des sujets offrant peu de liens, sur le plan des contenus intellectuels, mais qui doivent être traités avec un même souci d'ouverture, de densité, de véracité, de précision, de respect de l'intelligence. Si l'expression « culture institutionnelle » est pertinente pour qualifier un grand musée national, c'est dans ces liens de parenté entre les thèmes d'expositions que cette culture trouve à s'épanouir.

Le visiteur qui vient au Musée peut évidemment se livrer à la fantaisie et visiter une ou plusieurs expositions, selon son humeur. Il peut également aménager ses choix selon diverses formes de *tournées*. Cinq démarches différentes s'offrent alors à lui. Chacune d'entre elles met l'accent sur un découpage particulier :

- La tournée internationale : *Secrets d'Amazonie, Kimonos, Souffrir pour être belle.*
- La tournée historique : *Mémoires, Jamais plus comme avant ! Le Québec de 1945-1960, L'Amérique française.*
- La tournée « techno » : *Fallait y penser !, Objets de civilisation, Mémoires.*
- La tournée « socio » : *Des immigrants racontent, Téléromans, Drogues.*
- La tournée « universelle » : *Éphémère, Familles, Jeu, Femmes, corps et âme.*

Ainsi, à la manière d'un kaléidoscope, le Musée offre à ses visiteurs des produits combinés selon un type particulier de visite. Le visiteur qui souhaite que l'institution découpe la matière des expositions selon une certaine logique de regroupement trouve ici son compte ; il bénéficie d'une présentation cohérente et variée tout à la fois. Celui qui, au contraire, souhaite aménager sa propre manière de visiter le Musée est complètement libre de le faire.

L'innovation comme moteur de l'action

Nous faisons ici l'éloge de l'innovation comme moteur de l'action du Musée de la civilisation, en la distinguant de la création. La création est la mère et la source de l'innovation, mais elle commande un processus de transformation, depuis l'éclair initial jusqu'à la construction en mots, en formes, en structures et en produits, qui soit l'expression de la véritable innovation. Au Musée de la civilisation, comme il se doit, les idées foisonnent, tant de l'intérieur que de l'extérieur. Il ne se passe pas de semaine où le téléphone ne sonne pas de la part d'un interlocuteur qui dit vouloir nous rencontrer «pour nous faire part d'une idée». Nous explorons nombre de pistes; nous soumettons les idées les plus intéressantes au test de la réalité muséologique, technique, budgétaire. Il y a loin de la coupe aux lèvres, car l'innovation existe à certaines conditions seulement: nouveauté de l'idée, faisabilité du projet, disponibilité de l'expertise et des collections. Enfin, il faut insister sur le fait que l'innovation ne se présente pas toujours sous les traits de démarches audacieuses et d'envergure, comme ce fut le cas dans les expositions *Trois pays dans une valise* (Thaïlande, Côte d'Ivoire, Équateur) ou *Toundra Taïga*, qui mettait en relief les similitudes entre les peuples sibériens et les peuples inuits.

Chaque produit du Musée doit comporter certains aspects novateurs. Telle exposition offrira des éléments interactifs pour les enfants, comme ce fut le cas dans une exposition sur le nomadisme, telle autre intégrera un atelier éducatif, telle autre encore se présentera comme une grande aventure du genre «ce roman dont vous êtes le héros»; l'exposition sur la nuit était de ce type. Cette recherche continue d'innovation n'est évidemment pas réservée aux expositions. Elle se retrouve dans les activités éducatives, dans le programme des activités culturelles, mais également dans le secteur du soutien technologique. Les relations publiques elles-mêmes cherchent sans cesse à renouveler leur manière de faire les choses. Cela se voit lors des inaugurations d'exposition, par exemple ; tantôt un artiste est invité à se produire lors de la soirée d'ouverture d'une exposition, une autre fois un comédien est président d'honneur, comme ce fut le cas de Gilles Pelletier lors de l'inauguration de *Téléromans*. La somme de toutes ces actions produit une programmation qui n'est pas simple juxtaposition d'expositions et d'activités ; elle obéit à une certaine logique dans l'organisation des thèmes, leur traitement et leur mode de production. La typologie suivante, qui nous sert de guide de référence, en témoigne[5] :

LES TYPES D'EXPOSITIONS AU MUSÉE DE LA CIVILISATION

Lorsqu'il s'agit de choisir et de développer un thème d'exposition, l'inventaire des possibilités est immense. Mais, si on fait une lecture des expositions du Musée de la civilisation, des lignes de force se dégagent, des types d'expositions sont identifiables, sans que ces diverses catégories ne soient complètement étanches.

Selon la nature du thème et les effets recherchés :
• Exposition-connaissance
• Exposition-réflexion
• Exposition-découverte

Selon les systèmes de présentation :
• Exposition permanente
• Exposition temporaire
• Exposition itinérante

Selon le traitement de la matière :
• Exposition-bilan
• Exposition-essai
• Exposition expérimentale

Selon le mode de production :
• Exposition produite par le Musée
• Exposition venue d'ailleurs
• Exposition en coproduction

Hors catégorie :
• Exposition internationale

Voici deux exemples de produits innovateurs : *Femmes, corps et âme* et *La différence*.

Femmes, corps et âme (1996)

Pour le traitement et la présentation de ce thème dans une vaste salle, nous avons fait appel à des gens de théâtre comme concepteurs et réalisateurs et nous avons mis à leur disposition l'espace, le budget, le soutien technique et notre savoir-faire en muséologie. Alice Ronfard, une metteur en scène jouissant d'une grande notoriété, et son équipe ont élaboré le concept et l'exposition dans un cadre d'entière liberté de création. Il ne s'agissait pas simplement de «fabriquer et de monter» une exposition, mais bien de «créer» une exposition, qui se prolongerait dans l'événement Langage. Le Musée n'a pas hésité à faire produire, par des artistes connues (Pascale Archambault, Dominique Morel, Violette Dionne), des œuvres originales pour cette exposition. Le Musée privilégiait ici une démarche plurielle et audacieuse. L'équipe de créatrices a fait le pont avec le personnel du Musée: metteur en scène, designer, éclairagistes, muséologues, conservatrice, photographe ont contribué à ce vaste projet.

La différence (1995)

Au moment d'écrire cet article, l'exposition *La différence* est présentée au Musée des Arts et Traditions Populaires à Paris, après avoir fait un séjour à Neuchâtel et à Grenoble. Cette initiative est sans doute une première mondiale ! Trois musées se sont associés (Neuchâtel, Grenoble, Québec) pour présenter trois volets d'une réflexion ethnologique sur la différence.

En cette époque où les bienfaits de la communication sont célébrés chaque jour, les trois musées se sont imposés une clause de non-communication, quant au contenu et au traitement du thème, en optant pour une étanchéité totale des trois projets jusqu'au jour de la présentation publique. Ces trois regards sur une même réalité, ces trois manières de «raconter une histoire», ces trois points de vue ont donné un exposition saisissante, au dire des commentateurs et des visiteurs, tout en ouvrant des pistes fécondes.

L'engagement dans les questions de société

La seule existence du Musée de la civilisation, reconnu comme une institution publique jouissant du statut de société d'État, est suffisante pour l'accréditer comme un acteur important sur la scène publique. Un tel musée n'est pas passif; il agit à titre d'employeur; il est un donneur d'ouvrage, un hôte diplomatique, une entreprise et un citoyen corporatif. Toutes choses qui lui confèrent des devoirs et des responsabilités au sein de la société.

Un acteur social de ce genre intervient de plusieurs façons, à plusieurs vitesses, pourrait-on dire. La *première vitesse* correspond au moment où est prise la décision de retenir un sujet d'exposition à caractère social. Cela suppose que le musée est prêt à soutenir les travaux d'élaboration. La *deuxième vitesse* est celle de la programmation. Il s'agit alors, pour la direction du musée, de s'engager à concrétiser le projet, donc de fixer le calendrier de réalisation. La *troisième vitesse,* la grande, est atteinte lorsque se concrétise le thème en un produit muséographique: l'exposition. Enfin, la *quatrième vitesse* est en pleine force lorsque le musée amplifie l'exposition et la surdimensionne en l'inscrivant à l'intérieur d'un thème auquel s'applique ce qu'il est convenu de qualifier de *traitement pluriel,* soit la somme d'activités éducatives, d'actions culturelles, de mise en valeur des collections. Il s'agit, en quelque sorte, de variations sur un thème avec l'intention de créer la force de l'harmonie.

Plusieurs exemples pourraient illustrer cette visée du Musée de la civilisation : *Familles, Des immigrants nous parlent, La mort à vivre* ainsi que *Histoires d'amour et d'éprouvettes* et *Drogues* :

Histoires d'amour et d'éprouvettes (1992)

Cette exposition voulait d'abord informer et sensibiliser les visiteurs aux nouvelles techniques de reproduction humaine, des techniques à la fois étonnantes et troublantes. L'exposition invitait également à la réflexion en soulevant les enjeux sociaux et éthiques qui remettent en cause des valeurs sociales et fondamentales. Elle offrait une ambiance conviviale, propice à la réflexion et riche en informations.

Drogues (1996)

En étroite collaboration avec le ministère de la Santé et le ministère de l'Éducation, cette exposition s'adresse prioritairement aux jeunes et aux adolescents. Elle est caractérisée par l'abondance d'information à travers une présentation audacieuse et colorée. Itinérante, cette exposition fera le tour du Québec durant trois ans et servira de déclencheur à la réflexion, sous la responsabilité d'enseignants et d'enseignantes. Des documents pédagogiques sont disponibles en complément et en soutien de cette exposition.

La découverte de l'ailleurs et la mise en valeur des différences

Enraciné au Québec, le Musée de la civilisation a aussi comme mandat de s'ouvrir au vaste monde, notamment par la présentation d'expositions à caractère international. C'est près du tiers de l'espace d'exposition du Musée qui est réservé aux expositions venant d'ailleurs, des expositions documentaires et exotiques, des expositions historiques et ethnologiques, des expositions faisant découvrir les trésors du monde, mais également les cultures d'hier et d'aujourd'hui : *Turquie, splendeurs des civilisations anatoliennes ; Tunisie, terre de rencontre ; El Dorado, l'or de Colombie ; Trois pays dans une valise ; Trésors des Empereurs d'Autriche ; Secrets d'Amazonie.* Cette énumération, incomplète, montre combien le Musée recherche des points de vue variés qui sont, pour ses visiteurs, autant d'aventures différentes, autant de fenêtres ouvertes sur le monde, qui donnent le goût d'en savoir davantage et de mieux comprendre la richesse des différences.

Turquie : splendeurs des civilisations anatoliennes (1990)

Cette exposition, présentée en exclusivité, faisait défiler les visiteurs à travers la période paléolithique, le développement d'un centre urbain du IIIe millénaire, le premier empire d'Anatolie, dominé par les Hittites, le royaume de l'âge de fer, les Grecs en Anatolie, l'Asie mineure, province romaine, la splendeur de Byzance, l'arrivée des Turcs et enfin la riche période ottomane.

Secrets d'Amazonie (1996)

Grâce à la riche collection et le regard d'un médecin italien, le Dr Aldo Lo Curto, qui œuvre bénévolement auprès des tribus amazoniennes, l'exposition nous conviait à explorer la multitude de modes de vie des populations autochtones de l'Amazonie brésilienne. Une région fort peu connue, aux systèmes écologiques et culturels complexes et aux mille nuances qui lient les hommes, les animaux et les végétaux dans des destins communs. Les habitants de l'Amazonie sont sans cesse menacés de maladie et de disparition. À travers leurs coutumes, leurs mœurs, leur culture très liée à la nature, les visiteurs de l'exposition étaient conviés à découvrir des valeurs humaines exceptionnelles et une nature qui est source de vie quotidienne, et à pénétrer dans un univers autrement inaccessible.

La diversité des moyens d'information

C'est un truisme de dire que les musées sont enracinés dans un monde où les moyens de communication sont de plus en plus diversifiés. Les visiteurs sont en droit de s'attendre à bénéficier de plusieurs outils dans leur recherche de compréhension des expositions qui leur sont offertes. Comprenons-nous bien, il ne s'agit pas de transformer nos musées en centres de jeu vidéos, pas plus qu'il ne s'agit d'encombrer les salles d'expositions jusqu'à tuer l'indispensable sérénité de lieux propices à l'émotion et au coup de cœur. Lorsque je visite une exposition pour la première fois, je ne veux pas nécessairement tout apprendre immédiatement, je veux d'abord me laisser imprégner du sujet, je souhaite établir un rapport personnel et intime avec ce que je vois.

Généralement, une visite d'exposition mérite d'abord une démarche de repérage, suivie d'un deuxième tour, de la part du visiteur intéressé. C'est à ce moment qu'il peut jouir davantage des divers moyens d'information mis à sa disposition. On n'insistera jamais trop sur ce devoir du musée de soutenir et de faciliter la démarche de connaissance du visiteur. L'écriture et les textes demeurent des moyens privilégiés, souvent moins lourds que les moyens électroniques, comme compléments de la visite. Ce que je voudrais faire ressortir ici c'est le cas de certaines expositions du Musée de la civilisation dans lesquelles nous avons poussé l'objectif de communication à son maximum. Deux exemples sont particulièrement probants :

Trois pays dans une valise (1993)

Cette exposition s'adressait de façon particulière aux jeunes de 4 à 12 ans, mais force nous est de constater qu'elle a intéressé les 4 à 74 ans! Exposition-voyage, exposition-jeu, exposition-connaissance, *Trois pays dans une valise* faisait explorer et découvrir la Thaïlande, la Côte-d'Ivoire et l'Équateur : le milieu de vie des enfants, leur entourage familial, leurs activités quotidiennes. Entièrement interactive, pourvue d'écrans, de vidéos, de films, d'enregistrements sonores, de jeux éducatifs, cette exposition s'adressait à tous les sens. S'ajoutaient à ces moyens des guides présents et actifs. Comprendre les diverses cultures et susciter de l'intérêt pour les différences culturelles sont deux objectifs que visait cette exposition.

Je vous entends chanter (1995)

La chanson accompagne depuis toujours le développement du Québec et sa vie quotidienne. *Je vous entends chanter* visait à faire revivre cent ans de chanson. L'exposition reprenait les grandes époques, présentait les grands thèmes, faisait voir les artistes dans leur vie quotidienne, depuis le folklore jusqu'au rock, en passant par le country et la chanson populaire.

Cette exposition permettait surtout d'entendre directement et selon les choix du visiteur les artistes qu'on y présentait. Bien sûr, on pouvait y écouter des chansons, mais aussi des entrevues souvent fort émouvantes. Les objets nombreux, costumes, instruments de musique, trophées, manuscrits, qui

entourent la vie des artistes recréaient une atmo-
sphère à échelle humaine, qui évitait de sombrer
dans le vedettariat, alors que certains extraits de
spectacles ou d'émissions de télévision ou de radio
replaçaient les événements en contexte.

L'enracinement et la culture de la mémoire historique

Musée d'histoire, musée de la personne, musée de l'aventure
humaine sont autant de facettes du Musée de la civilisation.
J'insisterai ici sur l'intérêt que le Musée de la civilisation a
porté à l'histoire dès son ouverture. Deuxième territoire de
la francophonie dans le monde, seule province francophone
au Canada, héritier d'une culture française et bien enraciné
en Amérique, le Québec fait l'objet d'un grand intérêt hors
de ses frontières. Sa recherche d'identité et ses revendications
constitutionnelles constantes ne viennent pas simplifier les
choses à qui veut le connaître et le comprendre. Cette recherche s'articule autour du partage d'une histoire commune,
d'un territoire circonscrit, avec ses caractéristiques parti-
culières, d'une langue qui est à la fois instrument de communication et expression d'une spécificité, d'une culture enracinée dans des pratiques quotidiennes, de traditions qui
durent et qui se transmettent de génération en génération,
et de valeurs fondamentales sur lesquelles une société se
bâtit et se solidarise. L'identité collective est l'amalgame de
tout ce qui unit un peuple et qui le réunit, mais également
tout ce qui le distingue et le différencie. La matière ne
manque donc pas, au Musée de la civilisation, lorsque vient
le temps de préciser ses choix quant à la présentation de
thèmes historiques. La vaste exposition permanente intitulée
Mémoires offre une traversée de l'histoire du Québec.

Mémoires (1988, permanente)

C'est un cheminement qu'illustre l'exposition, le cheminement de l'identité culturelle du Québec. En ordonnée, elle met en valeur les sensibilités personnelles, permettant au visiteur de situer sa propre perception dans le jeu plus large des représentations collectives; et en abscisse, l'exposition présente la mémoire qui engrange, classe et sélectionne comme une courbe sur un plan. L'exposition propose ainsi un jeu de cinq prismes mémoriels: mémoire nostalgique, mémoire adaptative, mémoire refoulée, mémoire obligée et mémoire libre. Enfin, une proposition de bilan conclut la démarche. «Un monde en continuité et en devenir» passe par une solide compréhension de ce que nous sommes, en même temps que par une ouverture sur le monde.

Jamais plus comme avant! Le Québec de 1945 à 1960 (1995)

Cette exposition explorait une tranche récente de l'histoire du Québec, soit la période de 1945 à 1960. Vie culturelle en développement et en explosion, avènement de la télévision... De la fin de la Seconde Guerre mondiale jusqu'à la Révolution tranquille, le Québec amorce le grand virage qui le fera entrer dans la modernité. Cette exposition présentait la vision d'un Québec en mouvement.

Dans le silence de cette période qualifiée de «grande noirceur», des voix s'élèvent qui appellent à plus de liberté. Un vent nouveau se lève, dont le souffle transformera le Québec. Le changement s'amorce, l'exposition en retrace les étapes en trois tranches: moderne en tête, le refus de la tradition (1945-1950); moderne chez soi, moderne pour soi, le monde matériel (1950-1955); moderne ensemble, le monde des médias (1955-1960).

Au-delà du descriptif,
tirons quelques enseignements

Deux grandes dimensions – appelons-les verticales – traversent les diverses caractéristiques – horizontales, celles-là – qui découlent de la concrétisation du concept du Musée de la civilisation en produits muséaux : l'approche *interdisciplinaire* et le *multilangage.*

Pour ce qui est de l'approche interdisciplinaire, le Musée s'inscrit d'emblée dans la vaste mutation que connaissent les sciences humaines au sein des universités, où les sciences économiques, les sciences sociales et les sciences politiques empruntent sans cesse les unes aux autres.

Par ailleurs, tout musée est un lieu consacré au récit. Un musée raconte des histoires : histoire d'un artiste et de son œuvre, histoire de certains imaginaires foisonnants, histoire de la vie courante, histoire de pays exotiques, histoire des découvertes et du triomphe de l'homme sur la nature. De toute évidence, c'est d'éclectisme qu'il faut parler ici pour circonscrire la muséographie pratiquée, les moyens de communication et les formes de langages utilisés. Nous parlons de *multilangage* pour qualifier cette recherche. La preuve n'est plus à faire que les musées qui se préoccupent de faire croître sans cesse leur niveau de fréquentation développent des moyens variés pour atteindre l'intelligence et la sensibilité de leurs visiteurs. L'écrit, l'audiovisuel sous ses nombreuses formes, l'ordinateur, le CD-ROM plus récemment, mais aussi le design, la mise en scène, la théâtralisation (la dramatisation, même, comme dans l'exposition *Femmes, corps et âme*) sont autant de langages qui doivent se conjuguer pour permettre une meilleure mise en valeur et une plus grande compréhension des objets exposés.

Dans une société qui avait appris à « zapper » devant son téléviseur et qui apprend maintenant à « naviguer » sur

Internet, les choses ont bien changé pour les musées qui détenaient le monopole de la mise en valeur des trésors du monde. Qui n'a pas regardé le merveilleux «cédérom» du Louvres? Bien sûr, on peut arguer que le musée virtuel ne saurait remplacer le musée traditionnel, mais là n'est pas la question. Ce que l'évolution des disciplines, des connaissances, des moyens de communication commande, c'est une réflexion sur le musée de l'an 2000 et l'adaptation des musées actuels à une conjoncture de transformation rapide.

Rêvons…

Rêvons au lieu de conclure. Rêvons à une grande ville que nous aurions à créer de toutes pièces. Y implanterions-nous de multiples musées d'arts, de science, de société, d'histoire? Développerions-nous des musées virtuels, des musées pour enfants, des musées de quartier, des musées nationaux? Pour ma part, si on me confiait le dossier des musées de cette mégapole, je ferais construire un gigantesque édifice flexible, formé de nombreux alvéoles, qui en feraient oublier le gigantisme, équipé de toute la technologie souhaitable, pourvu de services polyvalents et doté d'une programmation hétérogène, sans distinction de genres. Ce musée doterait d'antennes toutes les régions du Québec, avec lesquelles il serait en interaction continuelle. Pas question qu'il devienne un instrument de colonisation culturelle, puisqu'il favoriserait sans cesse les échanges multilatéraux par une pratique moderne de maillage en réseau.

Ce musée serait un lieu d'accueil de la création, de l'innovation, de la multiplicité des réalisations des hommes d'hier et d'aujourd'hui. Il présenterait des expositions traditionnelles et des expositions d'avant-garde, des expositions de société et des expositions de sciences, des expositions sur des thèmes contemporains et de fabuleuses expositions universelles et internationales. Tous les langages y trouveraient leur place ; tous les croisements seraient permis ; toutes les formes d'expression pourraient s'y produire dans le cadre de règles du jeu larges et généreuses. *Le premier objectif de ce multi-musée viserait à faire découvrir, son second à faire comprendre, son troisième à faire aimer, son quatrième à enchanter, son cinquième à faire partager l'aventure de l'intelligence et de la sensibilité.* Ouvert, généreux, flexible et adaptable, tel serait ce vaste lieu culturel.

Je reviens à mon point de départ, où je disais que le maître mot des années qui viennent est *adaptation*. Lecteur sceptique, avant de tirer sur le rédacteur de la présente proposition, regardez attentivement ce qui se passe autour de vous et faites-en l'application au domaine de la culture, des musées plus précisément.

Directeur général du Musée de la civilisation à Québec depuis 1987, **Roland Arpin** *avait auparavant poursuivi durant douze ans une carrière d'enseignant et d'administrateur scolaire. Nommé sous-ministre adjoint à la planification et à la programmation budgétaire au ministère de l'Éducation en 1975, il assure par la suite la fonction de sous-ministre aux Affaires culturelles en 1980, puis de secrétaire au Conseil du trésor en 1984. De nombreuses missions gouvernementales, ainsi que plusieurs voyages personnels ont conduit Roland Arpin à l'étranger. Il a notamment siégé durant quatre ans à la Commission de l'éducation de l'OCDE, dont il a également assuré la vice-présidence. En 1988, il recevait le Prix d'excellence pour la carrière d'administrateur public et, en 1994, l'Université du Québec lui décernait un doctorat* honoris causa. *De février à août 1995, Roland Arpin a été sous-ministre de la Culture et des Communications. Enfin,* *son engagement dans les questions de culture et d'éducation lui a fourni l'occasion de prononcer de nombreuses conférences et de publier plusieurs articles.*

——————

Notes

1. « Le musée est une institution permanente, sans but lucratif, au service de la société et de son développement, ouverte au public et qui fait des recherches concernant les témoins matériels de l'homme et son environnement, acquiert ceux-là, les conserve, les communique et notamment les expose à des fins d'étude, de délectation et d'éducation. »

2. HAMDI, Nora, « Pour une culture hétérogène et évolutive », Revue *Impressions*, Cégep du Vieux-Montréal, juin 1995.

3. NERUDA, Pablo, *J'avoue que j'ai vécu*, Gallimard, Folio, 1974, p. 399.

4. GROUPE DE LISBONNE, *Limites à la compétitivité*, Boréal, Montréal, 1995.

5. ARPIN, Roland, *Le Musée de la civilisation, concept et pratiques*, MultiMondes/Musée de la civilisation, 1992.

THE PRICKLY PEAR SCENARIO
IN MUSEUMS OF THE OTHER WORLD

Dawson Munjeri

Executive Director
The National Museums and Monuments of Zimbabwe
Zimbabwe

Résumé

*Pour l'auteur, plaider en faveur de la transformation des musées du continent africain, c'est presque recycler un discours maintes fois énoncé, depuis les années 1960, mais mal entendu. Comment rendre les musées africains pertinents ? C'est la principale question que pose l'auteur. Dans son texte, écrit dans l'esprit de Sayed Naqvi, qu'il cite en exergue, **Dawson Munjeri** dénonce l'arrogance des professionnels des musées, dont l'attitude a pour conséquence de marginaliser la population, leur clientèle, alors qu'ils devraient être à son écoute et à son service. Les musées n'ont pas mis les efforts nécessaires à la compréhension de leur clientèle. Or, la nature des liens entre le musée et son environnement local justifie ou infirme la raison d'être de l'institution. Ainsi, l'auteur propose un modèle théorique qui situe le musée au cœur de la société plutôt qu'au cœur de la muséologie elle-même. Dans cette perspective, il réfléchit sur les réalités africaines et leur spécificité. Les musées de «the Other World / l'Autre Monde» doivent reconnaître leur vrai substrat et, comme le*

*disait Alpha Oumar Konaré, remettre en question le modèle
européen du musée. Les arguments de l'auteur sont nombreux.
Sa trajectoire est unique: il faut recentrer les musées de l'Afrique
sur leur propre réalité, qui comporte de véritables moyens et
perspectives d'avenir. Le gouvernement du Zimbabwe consulte
la population et, avec Zimbabwe Vision 2020, tente d'identifier
les aspirations de la population. Les musées devraient s'inscrire
dans cette démarche largement partagée et reconnaître que, dans
le passé, ils ont erré. Comme on le fait dans le cas de la «prickly
pear», ce fruit qui se manipule difficilement mais dont la chair
est succulente, les musées africains doivent apprendre à s'approcher
de l'essentiel, qui réside au sein de leurs communautés.*

---

*We are at a new point of departure, headed for new and
constantly receding horizons. Our paths will be marked out,
not in the high-sounding phrases of pomp and circumstance
but in the more mundane realities.*[1]

Sayed Naqvi

A Canadian speciality – recycling, that is. Currently
under preparation is an exhibition project on recycling.
The exhibition, which has had a very successful run in
West Africa, makes its debut in Southern and Eastern
Africa in 1998. Assisting in the exercise is none other than
the Musée de la civilisation, the same Canadian institution
that is behind this compendium.

Remotely or intimately, the theme smacks of a crusade
of the 1960's and 1970's: the relevance or irrelevance of
museums. Remember the crusaders led by the Canadian
legionnaire, Duncan Cameron, with his famous analogy of
museums as temples or forums? Coincidentally, the guru is
recycled in this collection. The message is loud and clear, at
least to the author: history is repeating itself because, in the
words of the famous historian, A.J.P. Taylor, "the first

time, no one was listening." In Africa, recycling is, above all, a strategy for survival. Scavenging waste-dumping grounds in search of that broken bottle, that tainted cardboard box, that oily plastic sheet, is the culmination of a process triggered by poverty. At the same time, scavenging activities bring unintended benefits to the environment.

The Mission of Museums

The 1975 *Directory of Museums*[2] lists 22 000 museums. Of these, thirteen were in what was then Rhodesia (Zimbabwe). The introductory comments on Rhodesia state: "The museums of Rhodesia tell the story of Black men, rocks, animals and plants that have been there for a very long time and of the White men who have been there for a short time." The White man receives the most space and attention, the natural history comes next, and the Black man third, an order of priorities that is *not particularly surprising!* The entry for Gabon reads, "This is a part of Africa long exposed to French culture and methods of organisation. It *is not surprising therefore* that the country's single museum should be entirely devoted to [...]"; while the entry for South Africa informs us, "The museums of South Africa are the museums of White South Africa... there is no museum in the whole of the Republic which is devoted to the native cultures in their own right. History is invariably presented from the point of view of the White man..." The point to drive home is that the identical situation prevailed in Southern Africa at a time when in the (*First! Developed! Industrialised!*) World, museums were also deemed to be unrepresentative. In the same *Directory of Museums,* in an analysis of "The Museum World Today", Hudson and Nicholls observed that, "*The developing countries have shown themselves unwilling to be patronised or fettered by concepts and philosophies which are irrelevant to their special needs and conditions*". On the other hand, what has been described as the psychedelic debauchery of the 1960's and 1970's was also driving the "Developed" world museums to the wall.

Two to three decades later, what would Hudson and Nicholls say of the museum world today? In his book, *Museums of Influence*, and in his 1991 contribution, "How Misleading does an Ethnographical Museum have to be"[4], Kenneth Hudson has something to say on that matter. This is not the forum to go into his observations in depth; suffice it to say that he poses a number of fundamental questions. The Duncan Camerons will obviously have their say on this point. What cannot go unremarked are some current observations and experiences in our part of the world.

Museums: Dead or Alive?

Providentially, the author was seated in pew 25 in the Cathedral Church of St. Mary's and All Saints, in the Anglican Diocese of Harare. The date: 1 February 1997, the occasion, the institution of the Reverend Simukayi Mutamangira as Rector of the Parish and his installation as Dean of Harare. For his inaugural sermon, the theme was *change*, and his gospel centred on the transformation of the apostle Saul into Saint Paul. Midway through his dynamic presentation, the Reverend Mutamangira had this to say: "This Cathedral must represent change. *It should not be like a Museum where dead things are kept. The Cathedral represents life not death!*" From the same pulpit many years back, during the struggle for independence, had spoken another dean, John DaCosta. In one notorious phrase, he spoke of a "deafening silence". He was bemoaning the fact that the entire world was not in sympathy with the oligarchy then in power. Now, on the occasion of Mutamangira's installation, the deafening question was: 17 years after independence were museums being viewed as glorified morgues, and myself as the head morgue attendant? In the 1960's, Cameron's question: "Temples or forums?" challenged museums not to be as dead as temples; in the 1990's, the temples of Zimbabwe did not want to be as dead as museums! What was basically wrong? The message from the pulpit would seem to be the resonance, if not the repetition, of the 1975 observations by Hudson and Nicholls. If so, this would mean that history was in fact repeating itself – a recycling process indeed!

These observations would be puerile at best were it not for the fact that the august body of eminent Commissioners who comprise the Commission of the World Decade on Culture and Development came up with similarly alarming observations a year ago. In their report, *Our Cultural Diversity*, the Commission noted a phenomenal expansion of museums, particularly in developing countries. Regrettably, the role of these museums remained "*reduced to that of heritage custodians*"[5] – another way of saying "dead as museums"! In fact, on the issue of "Museums' responsibilities", the Report brings to the fore the question of Museums' relevance to society.

Are Museums Relevant Today?

One need not even listen to that voice because closer to home, the *Directory of Museums in Africa* proclaims that a good number of museums in Africa are based on irrelevant collections assembled during the era of colonial governments. These exotic objects and curiosities are housed in buildings that imitate European palatial and monumental design's emphasising the munificence of the colonial governments.[6]

At the end of his escapades, and with his Empire crumbling, the Macedonian Alexander the Great reportedly quipped: "Where did it go wrong?" The question he should have asked of course is: "Did it ever go right?" That, in essence, sums up the scenario in the museums the author is familiar with, at least in the greater part of Africa. The issue presented here quite unashamedly is that from the very beginning nothing seems to have gone right. The protest in the *Directory of Museums in Africa*, that fundamental political and social changes in the first years after independence led to a fresh role for museums in the new nations is not borne out by the situation on the ground. One would have to dig hard into the bottom of the barrel to find cases indicating that museums reflect a growing sense of cultural identity on the part of Africa's peoples, as the *Directory* claims. At best, most museums have changed the facade by putting new wine in old bottles but at worst, they have reinforced the pre-colonial scenario. The taste may be unsavoury, but what can one make of the following pronouncement? "Considering the battles fought for democracy, visitors to Zimbabwe may be surprised to see how little the new regime has changed its museums." (Christie Bellinger in *Museums Journal*, April 1994.) How typical is this? In a survey on African museums carried out in 1989-91, the following chilling facts were exposed:

- half the museums did not have their own budget
- only a handful had any acquisition, collection research and exhibition policies
- twenty-four per cent of the fifty museums surveyed had no idea of their public, and in fact did not have visitor statistics.[8]

The Need for Change

All this attacks head-on the assumption that "*museums are opening up new paths, holding new discourses, reaching out to new publics*". This is different however from saying that museums are *under pressure* to open up new paths and hold new discourses and reach out to new publics. Pronouncements from the pulpit, from the Commission of the World Decade on Culture and Development and elsewhere emphasize the forms of that *pressure – Demand for change*. The issue is how and when Museums will *react*: what is certain is that forced transformation is inevitable, just as Africa has witnessed the fall of totalitarian regimes at the hands of democratic forces. Speaking on November 28th, 1996, the Zimbabwe Minister of Home Affairs (Ministry responsible for Museums) had this to say, "We all know that time also takes its toll and change is inevitable. This is particularly so in the ever-changing world of science. While we have enjoyed and continue to enjoy the exhibitions of this museum, (the Natural History Museum in Bulawayo) regrettably many of them have become too permanent. Some of the exhibitions contradict the very essence of our liberation struggle". Need one say more about the pressure for change?

If museums are to come out of the transformation process with a sense of identity that approximates the definition in the ICOM statutes, the process of soul-searching has to be thorough and genuine. Where did it go wrong? Did it ever go right? That is the point of departure. Without daring to take to task the sacrosanct ICOM definition of what constitutes a museum, but certainly revisiting the accepted four functions of museums, i.e.: assembling, safe-keeping, interpreting and disseminating information on collections, one is hard put to find anything that went right with Museums in Africa.

Policies and Practices, Right and Wrong

Looking at the *Directory of Museums* and *Directory of Museums in Africa*, it is impossible not to conclude that one is looking at mistaken policies and practices (where such policies exist, although it has already been shown that only a few museums even have any policies) relating to the four principal functions. They are mistaken because essentially they were never meant for the African landscape and philosophy; wholesale transplanting of the museums' dicta (ICOM definition and museum functions included), could only result in rejection of the transplanted organ. Did anyone think to listen to the African Museum guru, Alpha Oumar Konaré? Because he strikes at the root of the plight facing African museums, it is worth citing him at length. When all was said and done at the Encounters held in Benin, Ghana and Togo, in November 1991, he dared to tie the bell around the cat's neck. "I have only one regret at the outcome of these encounters. [...] I regret that African professionals did not engage a reflection more deliberately distanced from the Western model of a museum. How can we imagine that in the coming years... we can conform to models which are impossible to assume independently...".[9] It is standard practice in business meetings to conclude the Minutes with, "there being no further business, the meeting ended at...". After hearing Konaré's pronouncements, one is inclined to close the chapter. Unfortunately, because no one was listening, it is necessary here to recycle the message, albeit in greater detail and with more specifics.

The story is often told of a wise old man in Sierra Leone who met a young, freshly qualified university graduate. Along the way, the bombastic young man opens up:

Graduate: Have you done any sociology?
Old Man: No.

Graduate:	Have you done any herpetology?
Old Man:	No.
Graduate:	Have you done any ornithology?
Old Man:	No.
Graduate:	With your ignorance old man, you are as good as dead.

Naturally the conversation stops, but the journey continues. As they are nearing their village, they come to a river. Midway across it, there is a flash flood. A brief conversation follows:

Old Man:	Young man, have you done any swimmology?
Graduate:	What's that? No.
Old Man:	Young man, you are dead!

The « ologies » in our museums are the legacy of the classical museum ordering and our perception of the World. With them, the museums of Africa are destined to die. In a punchy presentation made to ICOM '83, Brian Morris underlined this point but again, no one was listening. The "hippopotamus mandible" and the "Pleistocene era" may be fine for the archaeologist or the zoologist, but they will condemn the rest of us to irrelevance.[10]

Walking A Tightrope

It is here posited that the greatest challenge faced by museums in Africa is what Morris calls: "*the tightrope of condescension and arrogance*", and that what is needed is great skill for walking this tightrope. In essence, there are psychological factors at play and these are all on the red scale. The pendulum swings between the xenophobic end and the schizophrenic end. This explains why the problem has gone on for so long despite the various diagnoses made in the past three decades. Those diagnoses, correct as they were, fell on deaf ears and blind eyes, essentially because the remedy they called for, which they will demand forever, calls for *humility* in the museum world. Unless these institutions and all that they represent learn to stoop they will not conquer. That is the message issued loud and clear by Sayed Naqvi in the citation at the beginning of this essay. What it entails is the subject of this presentation.

With a few exceptions that elude the author, the hallmark of many museums in Africa is a refusal to acknowledge and accept the existence of the environment in which these institutions exist, despite the many protests to the contrary, which include well laid-out mission statements, corporate plans, and even periodic reports.

The environment referred to here is structured in concentric circles, comprising the museum in the inner circle, the local community immediately after (here the term local community is applied broadly to include those in the immediate environs, as well as such institutions as the Government at both local and central levels, and all persons resident in a given country), and the global community (including international visitors, organisations and Governments). See figure 1 on the following page.

Perambulating through the three circles are interests peculiar and sometimes common to all three communities. To the extent that those interests coincide with or diverge from those of the Museum, the true character and nature of that institution shall be judged. In essence, as already indicated – and at this juncture it needs to be reiterated – the issue at stake is how and when museums react to the other components of their environment.

Figure 1

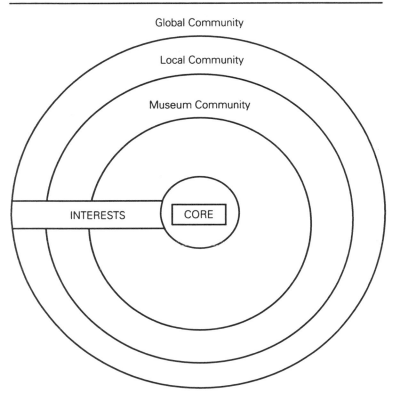

The Museum and the Core

Innocently but strategically tagged at the centre is the *core*. It is from the degree to which museums relate to the core that their life will be determined (i.e. life vis-à-vis death). Though referring to the biological environment, Mwatha's 1986 pronouncement applies equally to the environment as defined here. "All of us in Africa are slowly waking up to the fact that the African crisis is essentially an environmental problem that has precipitated such adverse symptoms as drought, famine, desertification, over-population, environmental refugees, political instability, widespread poverty, etc."[11] Poverty, hunger, disease, wars, etc. are Africa's main concerns. Except for wars, which are largely a manifestation of cultural contradictions (to be addressed later), bread-and-butter issues reign supreme at the *core*, issues on which all interests at local and global levels converge. In the wise words of Sayed Naqvi, "*Where there is not bread how can we say: let them have museums instead!*" Many five year national development programmes are centred on this quest for survival.

In 1995, the Government of Zimbabwe released the policy document, *Zimbabwe: a framework for economic reform 1991-1995*. In so doing, Zimbabwe was joining the host of developing nations that have subscribed to the controversial economic structural adjustment programmes. The blueprint states that "the fundamental objective of economic reform in Zimbabwe is to improve living conditions, especially of the poorest groups". This is the *vox populi*; but was that voice in tune with the museum voice? In their collections, research programmes and exhibitions do museums even recognise, let alone appreciate the crucial role of indigenous knowledge and skills in agriculture, nutrition, food processing, construction of shelter, etc.? Do they realise that tapping this resource will increase self-reliance and environmentally-friendly and sustainable development? Yes, museums are still waiting for the messiah, but they continue to miss him/her because he/she often takes a humble form: that of a peasant, a traditional healer, a craftsman, etc., but never that of a scientist, an engineer or a philosopher. At the local level, museums need to accept that a cultural renaissance involving a cultural audit to identify those values and attributes that societies hold dear,[12] is a *sine qua non* for the survival of museums. This is the essence of stooping to conquer.

A serious attitudinal change that requires throwing away what defines our *raison d'être*. I regret that someone has already stated it, but like all of the foregoing, it needs to be recycled. It means that museums should cast away the notion that museums should collect, keep and display as many objects as possible, of all varieties, epochs and peoples. It entails shedding both the notion that museum collections should represent the fullest possible coverage of certain values, and the practice of displaying them in a sequence based on scientific systematisation. Failure to accept these fundamental changes means that museums will be forlorn, in perpetuity. And regrettably, that is the absolute truth.

Put mildly, "only those (museums) which are subordinated to the topical social idea in the broad sense of the term, (here, much depends not on the value of individual objects but rather on what thoughts and emotions are impressed upon man) deserve to be called genuinely contemporary museums".[13] A layman (the already cited Zimbabwe Minister of Home Affairs) put it even better: "Where as it was once fashionable to put on display the whole array of insects, fishes, snakes and so forth, nowadays we seek exhibits that tell us why these specimens are important. We want to be offered exhibits that respond to the problems of our society. These include problems of health such as AIDS, education and food. What we want to know is how these specimens contribute to improving the quality of our lives. Surely the role that *amancimbi* (edible caterpillars) play in our health and economy would be better appreciated if we knew the vitamin or protein content of *amancimbi*. This point is missed when one is shown only the life cycle of *amancimbi*". Need one say more when that local community has proclaimed it so loudly and so clearly?

An Urgent Need for Change

The global community too is demanding that change. A pronouncement by the World Decade for Culture commissioners underscores this fact. The UNESCO *Medium-Term Strategy* (1996-2001) does the same.[14] In that strategy, the UNESCO focus is on *Peace and development*, because peace and development are inseparable, peace being as indispensable to development as development is to peace. While touching some of those areas of concern which precipate wars (hunger, disease, poverty, that is, *the core*), the UNESCO document focuses on the central cause for wars. "Processes that lead to war or peace are ignorance of each other's ways and lives; [these] have been a common cause of suspicion and mistrust between the peoples of the world".

The destruction of the National Museum of Rwanda and the resultant pillaging of museum collections should have shaken African museologists into realising that issues of war and peace were not a UNESCO preserve, but belonged to museums as well. Indeed, the ethnic and sectoral conflicts in Somalia, Burundi, Rwanda, Angola, Liberia, Zaire – the list is endless – only proves that Africa is having more than its fair share of such strife. That this is so obviously has to do with the diversity of cultures on the continent. This asset, turned liability, again illustrates the point that cultural institutions and museums in particular are guilty of sins of omission. Regrettably, it can be said that their deafening silence places museums in the same category as the perpetrators of the heinous crimes now being committed in strife-torn Africa. The difference is that unlike some of the perpetrators, museums cannot enter a plea of ignorance. What! With their numerous conferences and workshops that underscore the virtues of cultural diversity. Is it not in the *Directory of Museums in*

Africa that the message is beamed, "In African countries today, museums work hard to raise people's awareness of their own unique cultural heritage"; Indeed!

The Cornerstone of Museum Policy

There is no doubt that something is being done in the various institutions and forums. The fact is, museums are barking up the wrong tree. In its aforementioned mid-term strategy, UNESCO sees the solutions to the present global problems as lying in *promoting lifelong education for all*. The document equally stresses that to be effective, such education should *reach the unreached*, noting that "unreached" means not only those who have no access to basic education, but also those "who were once reached be it through primary, secondary or higher education, but who feel *unreached* now." The aim of such lifelong education is to enable societies undergoing accelerated change to cope with the challenges of political and socio-economic transformations. Who other than museums can carry out such a noble assignment? Indeed, the document exhorts museums to take up that challenge and become "providers of lifelong education" but all this must be *"founded on local initiatives and community action"*. That is the catch. Again, whereas the cornerstone of museum's policy has always been proclaimed to be education, seldom has it done more than pay lip service to this ideal. The question of how museums can help to nurture a human citizenry equipped to make informed choices in a democracy, and to address the challenges and opportunities of an increasingly global society, has never been seriously dealt with. Indeed, as Peter Ames aptly puts it, "Not enough thought has been given to the relative weight of affective and cognitive roles that education plays in museums. As a consequence, the intent regarding the general public is unclear."[15]

Because of this lack of clarity, the cultural thrusts of museums are blurred, leading to an incapacity to assist in resolving human conflicts. Again, it takes the global community, through UNESCO, to see the intrinsic connection between the two (culture and education). Mervy Claxton asks "What can we do to help change cultural attitudes in developing countries so that the human factor becomes central?" Once this has been done, the potential for conflict becomes minimal. Issues regarding cultural diversity, tolerance and human rights can only be dealt with if there is a measure of agreement on a model of global ethics: and this can only come about through education. Closing his biography, *Long walk to Freedom*, Nelson Mandela says, "I always knew that deep down in every human heart there was mercy and generosity. No one is born hating another person because of the colour of his skin or his background or his religion. *People must learn* to hate, and if they *learn* to hate, *they can be taught to love.*" It is all an educational process.

In essence, as Claxton puts it, there is a cyclical cause-and-effect relationship between education and culture. Education transmits cultural values, but since cultural models are instilled in individuals through education, culture is, in a sense, an effect of education. That being so, education is not a mere neutral mechanism for cultural transmission, but a powerful agent for cultural change. There is therefore a need to utilize education for cultural change in order to bring about the conditions which favour the establishment of this dynamic relationship between education and culture.[16] The interconnection of the cultural and educational realms is not only a guarantee for peace, but is also a guarantee for economic development. Again, it takes the global community to make us know that culture alone is the key that will unlock the creative potential of a community, while education is the tool which shapes and guides that potential, channelling it in a direction which responds to the community's own aspirations. Culture provides the light, and education provides perspective, so summarizes UNESCO.[17]

And once that is achieved, peace will prevail. In all this, need we be reminded again about the central role that museums should play but are not playing? Once more, an indictment, this time for a sin of commission.

What Museum Know – And Don't Know

Given all these charges, why are museums in our part of the world not living up to expectations? (In referring to the scenario as being applicable only to the *Other World*, it is of course assumed here that all is well in the museums of the First/Developed/Industrial World.)

A quick and predictable answer to this question is *lack of resources*. Put bluntly, this is a *wrong answer*. The reality is that many museums do not know what to present; they do know how to present. They do not know what to present or how to present because they do not know *who* to present to. They do not know *who* to present because, in their arrogance, they have not bothered to know their audience. They have not bothered to know because that audience seldom corresponds to their perceived intellect and style. Consequently, museums tend to communicate with themselves. In a very interesting paper dealing with the scenario in South Africa, Botswana and Zimbabwe, Maxel and Ritchie exemplify this scenario.

What to present? The answer is, "*Presenting information about what happened in the past*".

How to present? The answer is, "*Because museums are mostly controlled by dominant groups, they are institutions in which dominant interpretations and visions of the past are populated and presented through display"*.

Museums and the Context for Change

Who to present to? "The messages communicated by museums are dependent on communicator and context. Museum personnel communicate a particular message through *museum rhetoric*. The displays communicate another message *often intended by museum personnel*". The results of this research by Mazel and Ritchie are obvious: "Museums even in the politically post-colonial country of Zimbabwe find themselves enmeshed in communicating messages founded upon the politics of production and presentation of knowledge and on the uses of the past in the Southern African colonial context. Simply expressed, the messages in the museums are about *power and control*. Given that scenario, how can such museums be agents for change? How can they reconcile cultural and educational values in the interests of the populace? It is well nigh impossible when museums as institutions with distinctly European origins exist as the maternal embodiment of the *cultural memory of a nation or state*. Secondly, from an *education perspective, nothing can be learnt because the 'history'* we learn in schools is usually the same type of history which a museum remembers and museum-type knowledge is embedded in politics of colonialism".[18] Is the situation as bad as all that?

In July/August 1995, the writer went on a familiar-isation tour of museums in the Netherlands. One of the positive observations made was that the Tropenmuseum had successfully transformed itself from a showpiece of colonialism (*Vereeninging Kolonial Instituit*) into a museum of enlightenment. From portraying the Dutch colonial legacy, the Tropenmuseum now focused on the politico-cultural and socio-economic situations of the peoples of the tropics and subtropics. In international circles, the museum is now synonymous with such struggles as the fight against poverty, apartheid, pollution, as well as the fight for breast-feeding in the Third World, etc. This is what the museums of Africa needed: the development of museological collections and programmes that conveyed knowledge in a broad sense.

Armed with that enthusiasm and a substantive Report that was widely circulated, the 'messiah' sought to proselytize the museum personnel. Reactions and input were now expected and indeed, they were not long in coming. And they made very interesting reading. In a paper titled "Comments on the Report on familiarisation tour of the Netherlands by D. Munjeri (July/August 1995)," a special meeting of heads of departments outlined the proposed exhibition themes for the permanent galleries to replace the much criticised ones. These new themes fall under four headings: Archaeology; Ethnology; History; Natural History. Heard that before? There's more... The sequence in the Archaeology gallery would be: Early hunter-gatherers in Zimbabwe – Rock art – Early farming communities in Zimbabwe – State formation in Zimbabwe (Great Zimbabwe, Khami, Mutapa) – Nyanga farming communities – Portuguese in Zimbabwe – Pre-colonial mining and metallurgy – the rest anyone can guess. The words of Popov, proved correct beyond doubt and therefore worth repeating, "Scientists and museum specialists are guided by the idea that their museum collection should represent the fullest possible coverage of *certain cultural values*, the *utmost scientific systematisation in keeping them and as a rule, a straight chronological sequence of displaying them*". What was said in 1983 was *quod erat demonstrandum* in Zimbabwe in 1995. Offering further details, the museum specialists proposed 'renovation' here; 'relabelling' there;

'no work'– case 1; 'modification'– case 3; 'no change' – case 5; 'no change' – case 6, etc. All this against a background of the observations by the already cited Mazel and Ritchie.

Given this, who is to challenge the assertion by Jodi Mattes that "people within the museum were concerned with gaining academic recognition in the international arena, rather than what the ordinary Zimbabwe person wanted to see".[19] These sentiments are backed by the remarks of Professor Peter Ucko who sees this attitude as the epitome of "fundamental aspects of a western-derived archaeological/museum professional *insensitivity*".[20]

What all this means is that the museum circle was at total variance, if not in total confrontation, with the local and global communities.

The fundamental flaw is that, as long as the museum community remains closest to the *Core*, it will obstruct the interests of the local and global communities. By design therefore, and in order not to hinder the other selfless parties, the logical sequence should be that shown in figure 2.

Marginalisation of museums is thus apparent from the diagram on the following page.

Museums and Marginalisation

What has been presented so far proves that this marginalisation is self-imposed by the museum community. Ironically, in seeking to marginalise society, the museums have successfully marginalised themselves. Writing on the situation in South Africa, *the Secretariat of the Museums for South Africa* summed up the scenario in *The Other World*. Years of discrimination marginalised the majority of South Africans with regard to museums. On one hand,

Figure 2

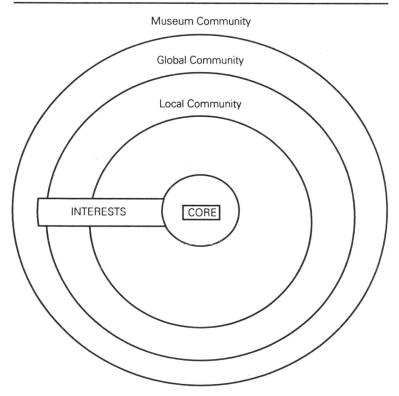

marginalisation was a result of a conscious policy of non-collaboration and on the other, a result of non-accountability on the part of museums.[21] Now museums have to be accountable, yet they are on the margins. The Zimbabwean scenario is exemplified by the following pronouncements: "What is it that museums are doing to be known by the majority of the population? What is it that they are doing for the population?" These are direct questions asked of the author by a Parliamentary Estimates Committee in December 1987. These are the same questions that the Minister responsible for NMMZ was asked in Parliament.[22] Regrettably, the implications are serious, and like the sword of Damocles, the threat of a reduction or termination of public funding hangs over our heads.[23]

Pride and Participation

There is only one way out of this predicament. Pride always goes before the fall, so museums should cast away that pride and merge into the other communities. Synchronise policies and programmes with those of the local and global communities. Unfortunately again, this is easier said than done. And again, the reasons have to do in part with the historical background. In July 1996, the author received a letter which read in part, "When you informed me that there were young men in Manicaland keen on developing the Ziwa area, I felt so delighted and completely relieved thinking that now as we are on our own (post-independence era) such development could adopt a positively African approach with heavy bias towards the *locals*. Here the locals should be in charge and command full control of the whole situation." The letter went on, "Our situation is unique for those who recognise posterity and heritage. *Preservation of that heritage by locals* because, at the back of their minds, was *ownership* of that heritage, although colonialism had disfigured this aspect." The site in question, Ziwa, is an archaeological site where National Museums and Monuments of Zimbabwe has recently established a museum. The key points that come through in the above letter are: *ownership, control, involvement, participation.* These components were absent during the Colonial era. As Gilbert Pwiti notes, the colonial heritage manager's task did not have to contend with the views and feelings of the local communities. The heritage of the past was not theirs: National Museums and Monuments of Rhodesia was free to experiment with any kind of procedures without interference from the locals".[24] The voice of such locals can be heard in the Ziwa case cited earlier, as well as in the following letter of complaint addressed to the Minister of Home Affairs. Referring to the Great Zimbabwe world heritage site, the authors wrote: "There used to be a lot of communication among traditional custodians of sacred shrines. The communication was stopped by White Governments because they wanted to assert their power."[25]

Again the message is loud and clear: a call for involvement which can be summed up as a demand for *Participation*.

Let by gones be by gones it is said, but the problem inherited at independence cannot be wished away. As already stressed earlier on, *the Demand for change* is formidable: so formidable, in fact, that Armageddon will not be lost by the local and global communities; at best, the museum community can get away with some face-saving leftovers. Put bluntly, in the words of Keith Hollingshead in his comically-titled paper, "White Gaze, Red People-Shadow Visions: The Disidentification of 'Indians' (Native Americans) in Cultural Tourism," "There is no excuse for blatant disregard of indigenous community sensibilities."

The Struggle Continues

In present-day Zimbabwe and South Africa, as elsewhere in Africa, one can say that the battle cry is "*Aluta continua*! The struggle continues."

The political world has realised this sooner than the museum community. Mention has already been made of the Zimbabwe Economic Structural Adjustment Programme (ESAP), launched in 1991. Though partially successful, it typified a top-down approach involving "none other than ourselves" one might say.

125

In a recent Government admission, it is stated categorically that the "reform programme launched in 1991 reaped 'few benefits'. The reason is that 'civic society was not seriously involved in formulating the reform programmes and the subsequent strategies.' "[26]

Learning from that experience, the Government of Zimbabwe has launched a successor to ESAP, called ZIMPREST (Zimbabwe Programme for Economic and Social Transformation) to cover the period 1997-2000. From the title, one cannot miss the inclusion of the social and cultural dimension in the envisaged programme for change (transformation). ZIMPREST, unlike its predecessor, is founded on the principle of wider involvement by the community at large.

More significantly, for the long term the Government is on the brink of launching a programme titled *Zimbabwe Vision 2020* (already mentioned). The objective is to identify National aspirations and come up with a shared national vision and long-term development strategies for Zimbabwe by the year 2020. It is *national consultation through debate.* The emphasis is on *"shared vision; shared exposure; citizen participation."* In summary, the *Vision 2020* project is expected to adopt and institutionalise the issue of a consultative process that allows the key stakeholders of society to *participate* in determining the future direction of the country, by achieving a consensus on the broad objectives to be met over the next twenty-five years.

The goal is to emerge in the year 2020 as a strong and prosperous nation, founded on democratic values, respecting human rights, with a vibrant and tolerant culture ensuring the physical and spiritual welfare of its citizens and a highly competitive and sustainable industrialised economy.

Can Museums not take a leaf from this?

The first lesson to be learned is that to err is only human; accepting the errors of the past and seeking to rectify them is noble. In this way, museums should note the acknowledgement by Government that they erred by not initially consulting the populace in the earlier programmes. To accept that, of course, is the height of humility. Can Museums be persuaded to be less arrogant – remember the *tightrope of condescension and arrogance!*

Second lesson: can Museums note the eight contemporary thematic issues raised in *Vision 2020?*

The Core Issues

Good governance and political stability in a society that promotes human rights and morality; a vibrant, tolerant culture; sustainable utilisation and management of natural resources and the environment; equal opportunities for all; a well-informed and knowledgeable society; a united affluent society with sustainable provision of good social services for all; a growing, broad-based industrialised competitive economy; scientific and technological capability on research and development. Surely these are *core* issues for the *Other World.*

Will Museum personnel miss out on these freely given exhibition themes that are based on relevance? If museums of the *Other World* cannot take a cue from *Vision 2020* as elucidated so far, the call from *Vision 2020* relating directly to culture should pull museums from that inertia. *Vision 2020* sees culture as a driving force for human development and, as such, "is one of the national priorities with Zimbabwe's *Vision 2020*". From a strategic point of view, culture is seen as a conceptual and spiritual framework wherein people act as autonomous agents in relation to ecological and social constraints. Within *Vision 2020*, the role of culture is to cultivate an environment that satisfies both the material needs of the people and the maintenance of moral values. It is also within the cultural framework that the issues of cultural diversity and a common identity are resolved. All this is the *raison d'être* for any museum institution. It all boils down to the ethic so well enunciated in the ICOM Charter – *Museums as institutions at the service of society.*

That is the local community vision. What is the global community vision? The UNESCO *Medium-Term Strategy 1996-2001* says it all. It calls for "high priority to be given to the development of delivery systems founded *on local initiatives and community action;* greater use of untapped local sources of learning (local craftsmen, technicians and other professionals)." Addressing the area of heritage, the UNESCO document is even more emphatic. As a long-term goal (beyond 2001), it stresses that "preservation of world heritage is a vast undertaking that in the long run *can only be successful if there is active participation by local communities* [...]. This heritage must be fully integrated into the economic and social life of the community."[27] To reinforce this, the UNESCO Report *Our Cultural Diversity* sees it as an important responsibility for museums to develop a positive role in community building and development. It sees the role of museologists as working towards empowering the *non-specialist population of the community.*

Again, as in the previous cases, it is proven that the local community and global community interests converge, but are at variance with the practices (though not the declarations) of the Museum community.

Why do the interests of the local and global communities converge when it comes to the issue of *participation* by the non-specialist population? They converge because it is seen as a strategy for survival in a dog-eat-dog world.

Benefits of Participation

There are many positives aspects to the community participation approach. A social scientist for the World Bank, looking at the conservation of cultural heritage, aptly points out that, "In Africa, the dynamism of local initiative and community solidarity systems, which are among the strongest in the world, are impressive assets. [That being so] these indigenous forces should be enlisted, enlarged and empowered to preserve and protect a heritage unique to the continent and of inestimable value to a wider realisation of the development goals of the continent." Secondly, "Involving people – cultural heritage (programmes) increases its efficiency and raises awareness of the importance of the past for people facing rapid changes in their environment and values"[28]; in essence, *participation is a stabilising force.*

The challenge to Museums is therefore to accept the unpalatable truth that participation and involvement of communities is necessary for the birth of new museology in the *Other World.*

Two cases will illustrate the validity of the above assertion and at the same time provide an insight into the problems inherent in broadly involving the other communities. Also illustrated is the inevitability of that involvement.

For a long time, the Great Zimbabwe World Heritage site has included a museum that seeks to explain this archaeological/historical/spiritual site to the thousands of visitors who come there. The exhibition that was in place until 1992 was put up in 1981 through the efforts of an artist and an enthusiastic amateur historian. In 1991, a review was carried out by a team of archaeologists. In their own way they sought to narrate the history of the site, as well as illustrating the conservation problems inherent in such dry-stone architectural heritage.

The displays are divided into three galleries. The first gallery displays the different styles of stone buildings, and also shows the relationship between stone walls and the *daga* (adobe) houses which typify the Great Zimbabwe settlement in its heyday. It also includes some stuffed animals and birds.

The second gallery "the Zimbabwean Bird room" exhibits seven original soapstone birds, dating back to the 13th-14th centuries. The third section is the artifact gallery, with an open mock excavation followed by showcases containing objects excavated at the site.

Indeed, to the initiated this was the way forward. In her dissertation *Zimbabwe: presentation of the past in an African state,* Jodi Mattes is critical of what is happening on the Zimbabwe Museum scene. When it comes to the Great Zimbabwe museum, like the rest of the intellegensia with an archaeological bent, she applauds the 1992 exhibition: "The Great Zimbabwe Museum is an example of a move seen in museums the world over, one towards a more integrated and interpretive archaeology. Museums such as the Yorvik Centre in York, England provide a narrative of the past, *a story that can be discovered by visitors.* By placing Great Zimbabwe *in a context, the Museum is linking it to its surroundings* rather that widening the gap between the *artifact and its environment* that is seen in *preindependence displays.* This may be an example of National Museums and Monuments of Zimbabwe's way forward."[29] Another critic, the eminent archaeologist Dr. Peter Ucko, who is on record as saying, "Museum displays continue, with regard to the indigenous cultures of Zimbabwe, to present a public face today, which at least in some important respects, is not appreciably different from its colonial one" is nevertheless in the same breath mesmerised by new museum displays at the Great Zimbabwe Museum.[30]

What *visitors?* What context? What *surroundings?* What *environment* are Jodi Mattes and the others referring to?

Great Zimbabwe is surrounded by a community of peasants falling under Chiefs Mugabe, Charumbira and Headman Manwa. Their "letter to authorities" has been cited elsewhere, in which they complain that communication between them and the site was stopped. The letter goes on, "when independence came (in 1980) and we Africans took control, the traditional leaders celebrated because we felt we would now practice our customs and traditions." This community constitutes the environment, the surroundings and the visitors, but needless to say they were not consulted when the new galleries were established. We know this is so because only a few years after the permanent exhibit galleries were opened, they are to be replaced. Replaced not voluntarily but under *pressure for change.* Some of the exhibits, mounted monkeys and baboons, were an affront to the traditional leadership. Whereas in the exhibitions these animals are seen as vermin destroying the dry-stone walls, the local community sees them as agents of progressive divine change. In a cultural resources management dissertion on public attitudes towards museums and monuments in Zimbabwe, Mabvadya noted that the wall collapses at Great Zimbabwe were perceived as a sacred phenomenon. Using baboons and monkeys, the spirits were destroying their own sites with the intention of moving home. Yet museums were killing those very spiritual messengers![31] Surveys carried out have indicated that the average visitor is completely at a loss as to the theme of the exhibitions.

Learning from this experience, the museum personnel at Great Zimbabwe are now undertaking proper surveys that involve both the local and global communities. The costly mistakes due to non-consultation are deeply felt in museums whose resources are already limited. Failure to rectify the mistakes will obviously result in alternatives too ghastly to contemplate.

A Masterplan for Conservation and Development

In yet another instance, this aspect is underscored. In 1991, National Museums and Monuments of Zimbabwe produced a document called *Masterplan for Resource Conservation and Development*. It was a plan that evolved against the background of the economic structural adjustment programmes and, as such, it looked at historical and archaeological sites as non-renewable resources which nevertheless could be harnessed to generate revenue. One of the sites earmarked for development was the Domboshawa rock art site, twenty-seven kilometres north east of the capital, Harare. The community nearby viewed this site as theirs because of its spiritual significance. According to tradition, a number of the graves and trees there were sacred. Within the environs of this site was also a sacred whaleback and, "Woe betide any person pointing at the hill with an outstretched arm and a pointing finger," narrated the local leader, John Murape. The rock art cave, which was the focus of the National Museums and Monuments Masterplan, was equally important spiritually. From this cave ran a tunnel going up through the heart of the massive rock expanse. Oral traditions indicated that the locals used this cave for rain-making ceremonies. At the foot of the huge granite massif was a piece of land called *Rambakumwa* (the place that cannot be tilled), another sacred place. Clearly, there was a clash of interests between the museum and the local community. For the former, this was a prime site for a museum, and plans were at an advanced stage to construct this site museum. On the other hand, the headman of the community asserted, "For any development to take place, it must take into account the traditions of our people. Please let us not have developments that disturb the area". The message was loud and clear: in post-colonial Zimbabwe, traditional customs and culture had to be respected. By the same token, the NMMZ Act (Chapter 313) spelled out that museums were the legal custodians of any gazetted sites. There were two options: confrontation or compromise. The former was unthinkable – vandalism at a number of sites bears testimony to that. The solution was compromise. The implications of compromise are worthy of note.

As those involved in natural heritage conservation have found out, involving these communities is a time-consuming and intensive process because it involves achieving a balance between short and long-term goals, as well as balancing participation with enforcement objectives and programmes.[32] This is even more difficult because the process calls into question the calibre, the temperament and the patience of both the museum and local community. The foregoing sections have indicated that seldom does museum training and environment cater to these matters. Regrettably, as we were also to find out in the Domboshawa case, the local communities had the same weakness. But therein lies a force proven in mathematics and physical sciences: two negatives make a positive. Thirdly, it was also our experience that developing people participation could stir up conflicts in the communities. They are not a homogenous entity. Just as our colleagues dealing with natural resources begin by surveying and studying the landscape and its bio-diversity, so too should museums study the cultural landscape and its cultural diversity. Just as our world values the rich variety of ecosystems and species in the natural world, so do museums gain from the rich variety of human culture as expressed on the cultural landscapes. In such a world, *people value what is local, special and familiar.* On this, they can base their immediate and communal pride, self-expression, and thus the willingness to tackle their own communal well-being. That should be the anchor for all programmes that involve community participation.

The key problem in all this is that we live with those communities, yet we know little about them.

The Domboshawa case was an important test case.

After protracted discussions, a common viewpoint was eventually reached. One central committee, comprising representatives from the museum and local communities, was formed to spearhead the Domboshawa development plan. Necessarily, this entailed going back to the drawing board.

Indeed, lip-service had no chance: participation meant total involvement in the conceptualisation, evolution and execution stages. Information-sharing and consultation helped demolish the high levels of suspicion on both sides. Confidence only came when decision-making and implementation of the agreed programme was totally shared. The result: a museum is now under construction and the site, the design, the contents, the presentation are all the product of a joint approach. And there's an additional cost: the proceeds from entrance fees will have to be shared. This is the way forward.

In the author's garden stands a prickly pear. All year round, it is green: green, that rare colour in drought-prone regions of Africa. Many-a-time it is the only fruit available. Juicy and sweet, but on the other hand unconforming and always prickly to both tongue and hand if not handled properly. The museum community needs to learn from this that there is the sweet end if we are part of the other communities; but it will be prickly if we are unconforming, choosing to go our way – that road is, in fact, a dead end. The irrefutable fact is that in the museums of the *Other World* never again will the *hoi polloi* be content with scavenging in the storerooms, laboratories or galleries of these institutions. Like other stakeholders, they will determine what museums put in those storerooms, what is studied and scrutinised in these laboratories, and what is presented in the display rooms. Yes, they may decide not to have anything at all in those museums, if the impression created to date is that, "every museum is a collection of the dead, a cemetery. The user is entering a tomb," as Brian Morris put it at the 1983 ICOM General Conference. The onus is on the museum profession to change that image, but to do so entails a total new mental framework. That is the challenge for the *Other World museums.*

Dawson Munjeri *has been the Executive Director (Director-General) of National Museums and Monuments of Zimbabwe since 1993. His involvement in the "heritage industry" as he prefers to call it, goes back to 1978, when he became the first African Oral Historian at the country's National Archives. In that capacity he saw the institution gain international recognition as a repository of oral histories and traditions, a crucial form of intangible heritage.*

The year 1984 saw Munjeri move from National Archives of Zimbabwe to become, first the Deputy Regional Director (Southern), then the Regional Director of National Museums and Monuments of Zimbabwe. It was during his tenure that Great Zimbabwe was inscribed on the World Heritage List in 1986. He became the Deputy Executive Director in 1988, before becoming Executive Director.

A holder of a Bachelor's Degree in History (University of Zimbabwe) and a Master's Degree in Information Systems (University of Wales), Munjeri has been an active member of both ICOM and the International Council of Monuments and Sites (ICOMOS). He is a one-time member of the Board of International Council of Museums and Ethnography (ICME); a foundering member and one-time Vice-Chairman of the Southern African Development Community Association of Museums and Monuments (SADCAMM), as well as a current Board member of ICOMOS.

He has written extensively on oral history, museum-related and tangible heritage-related topics for the heritage fraternity, as well as for institutions like the World Bank, UNESCO and the Organisation of World Heritage Cities.

Bibliography

1. NAQVI, S. Address by representative of the Director-General of UNESCO. *ICOM 83: Proceedings of the 13th General Conference and 14th General Assembly of ICOM, 24 July - 2 August 1983.* ICOM Paris. 1984:6

2. HUDSON, K. and NICHOLLS, A. *The Directory of Museums.* Macmillan Press Ltd. London. 1975

3. HUDSON K. and NICHOLLS, A. *The Directory of Museums.*

4. HUDSON, K. How Misleading Does An Ethnographical Museum Have To Be? Ed. Karp, I. and Lavine, S.D. *Exhibiting Cultures: The Poetics And Politics Of Museum Display.* Washington, Smithsonian Institution Press. 1991: 457-464

5. UNESCO, *Our Creative Diversity: Report of the World Commission on Culture and Development.* Paris. 1995

6. ed. for ICOM. SUSANNE, P. Jean-Pierre; BOCHI, A. and JANI, E., *Directory of Museums in Africa*. London and New York. Kegan Paul International. 1990:7

7. BELLINGER, C. Report on Southern African Museums. *Museums Journal,* April 1994:33

8. FEILGELSON, K. Resume of the survey on the situation of museums in Africa. ICOM, *What Museums for Africa? Heritage in Future*. Paris. 1982:19-23

9. KONARE, A.O. Preface to *What Museums for Africa?*

10. MORRIS, B. *The Demands Placed Upon Museums By Users. ICOM'83*:15

11. MWATHA, R.W. The Greenbelt Movement WCED Public Hearing. Nairobi. 23 September 1986

12. CHIFUNYISE, S.J. The Use of African Culture as a Tool for Development. UNESCO, *International Seminar on Culture and Development*. 18-23 May 1994. Harare 1995:42

13. POPOV, G. Inequality of Museum Provision. *ICOM '83*:11

14. UNESCO, *Medium-term Strategy 1996-2001*. 28/C/4. Paris 1995:5-15

15. AMES, P. Trends and Challenges in American Museums. *Forces,* 38. Quebec 1992:58-60

16. CLAXTON, M. Some Thought on Culture, Education and Work in UNESCO, *Culture, Education and Work*. Paris. 1993. CLT/DEC/PRO – 93/:17-19

17. UNESCO, *Culture and Development: a Study,* World Decade for Development publication CLT/DEC/PRO – 94 – 01. Paris. February 1994:38

18. MAZEL, A. and RITCHIE, G. Museums and their Messages: The Display of the Pre and Early Colonial Past in the Museums of South Africa, Botswana and Zimbabwe, ed. STONE, P.G. and MOLYNEUX, B.L. *The Presented Past: Heritage, Museums and Education*. London and New York. Routledge. 1994:225-235

19. MATTES, J. Zimbabwe: Presentation of the Past in an African State. Unpublished BA dissertation. University of Southampton. 1994: 10

20. UCKO, P.J. Museums and Sites: Cultures of the Past Within Education in Zimbabwe some Ten Years On. ed. STONE, P.G. and MOLYNEUX, B.L. *The Presented Past*: 242

21. THE SECRETARIAT, *Museums for South Africa* (MUSA): Intersectoral Investigation for National Policy. Pretoria. July 1994: Annexure F:1

22. Vote 27 of 1987. Report of the Estimates Committee

23. MUNJERI, D. Refocusing or Reorientation? The Exhibit or the Populace: Zimbabwe on the Threshold. Ed. KARP, I., LAVINE, S.D. *Exhibiting Cultures:* 445

24. PWITI, G. Let the Ancestors Rest in Peace, Heritage Management in Zimbabwe. ed. Teutonic J.M. and Price, N.S. *Conservation and Management of Archaeological Sites* 1 (3) 1996:153

25. Letter to Authorities Responsible for our Cultural Heritage c/o Nemamwa School. Signed: A. T. Manwa, Headman Manwa, Counsellor Mutogwepi, N.J. Chivanhu and Chief Charumbira, 27 September 1992

26. Government of Zimbabwe, Zimbabwe Vision 2020 and Long-term Development Strategies. Second draft report. September 1996. National Long-Term Perspective Studies Series Harare:1996:5

27. UNESCO, *Medium-Term Strategy* 1996-2001:30-31

28. MARC, A. Community Participation in the Conservation of Cultural Heritage. ed. Serageldin, I. and Taboroff, J. *Culture and Development in Africa.* Washington D.C. The World Bank 1994:255

29. MATTES, J. Zimbabwe: Presentation of the Past:24

30. UCKO, P.J. Museums and Sites: Cultures of the Past Within Education – Zimbabwe:242

31. MABVADYA, E. Cultural Resource Management: An Investigation into Public Attitudes Towards Museums and Monuments in Zimbabwe. Unpublished B.A. dissertation. Harare. History Department, University of Zimbabwe. 1990:13-14

32. WELLS, M., BRANDON, K. *People and Parks: Linking Protected Area Management with Local Communities.* Washington D.C. World Bank 1992:p.x

LA RÉALITÉ GLORIFIÉE

Goéry Delacôte
Directeur général
Exploratorium
États-Unis

Abstract

The author reflects on the role of new technologies in the service of education by drawing on the experience of the Exploratorium in San Francisco. A museum of sciences, arts and human perception, it defines itself as a laboratory in which devices are designed and assembled, and later used as a medium for learning about natural and technical phenomena by recreating them. Here education occurs through exploration. Visitors interact with technologies put at their disposal, manipulate the various functions, and in so doing, observe the phenomena they have brought to life. The Exploratorium thus provides visitors with an opportunity to discover a "glorified reality", combining real-life experience of phenomena with virtual experience through the use of computers. **Goéry Delacôte** *also describes different types of technologies in terms of their role as educational media. A distinction is made between technologies giving access to a data base or store of knowledge, such as CD-ROMs and DVDs (digital videodisks holding a whole film), and communication technologies such as the Internet, E-mail or discussion forums* *which link users together. Although the contemporary period is marked by the rapid advancement of new technologies, their use for educational purposes does not necessarily ensure learning with greater ease or of better quality. In fact, used improperly, these technologies lose much of their pedagogical value. Their use implies, rather, a rethinking of the teacher-student relationship, along the lines of a cognitive, pragmatic and experimental initiation.*

Une réflexion sur le rôle des nouvelles technologies au service de l'éducation est contrainte par une sérieuse limitation qui, à première vue, rend cette tâche difficile : la vitesse vertigineuse du développement de ces nouvelles technologies, aussi rapide que la baisse de leur prix à capacité égale. Le premier piège à éviter est donc celui qui consisterait à s'enfermer dans les caractéristiques technologiques du moment, et le second, celui qui conduirait à s'envoler dans l'abstraction. En réalité, c'est d'une réflexion continue qu'on a besoin, enracinée dans une pratique expérimentale qui, en elle-même, aura un aspect formatif plutôt que, improprement, conclusif.

Faciliter l'apprentissage

C'est donc avec l'expérience limitée de notre pratique et de nos recherches à l'Exploratorium de San Francisco que j'aborderai ces questions du recours aux technologies pour faciliter l'apprentissage. Qu'est-ce donc que l'Exploratorium, ce lieu dont et depuis lequel je parle, qualifié de musée des sciences, des arts et de la perception humaine ? En réalité, nous sommes un peu privé de métaphores et de terminologie pour définir cette institution. Ce n'est pas un musée, dans le sens où on n'y conserve pas d'objets naturels ou fabriqués ayant pour eux-mêmes une valeur de curiosité (des locomotives, des insectes, etc.). C'est plutôt un laboratoire où sont conçus et rassemblés des dispositifs mettant en scène des phénomènes naturels et techniques (une sorte de «phénoménopolis»). Ces dispositifs, par leur conception, fournissent une base matérielle et expérimentale à un apprentissage par l'expérience fondé sur l'exploration de ces phénomènes.

Les technologies de construction de ces dispositifs sont telles qu'elles transforment les phénomènes naturels qu'ils présentent en objet d'investigation spontanée. Il s'agit d'outils d'apprentissage ou d'exploration dessinés par nos designers après un abondant prototypage permettant d'ajuster la construction comme la pédagogie de chacun d'entre eux. Le niveau de complexité doit être suffisamment riche pour ne pas tomber dans l'illustration didactique et suffisamment limité pour focaliser l'attention sur le phénomène présenté et créer l'étonnement. Ainsi, le modèle d'une tornade de trois mètres de haut, matérialisée par l'injection de vapeur d'eau dans le vortex d'air créé par un ventilateur, permet d'étudier la stabilité de ce vortex.

Les pratiques des visiteurs sont alors relativement claires. Ils interagissent avec les manipulations sans *a priori* conceptuel et se retrouvent, grâce à la qualité de la conception de l'outil d'apprentissage, très rapidement confrontés à un comportement du phénomène qu'ils n'avaient pas anticipé. C'est dans ce décalage entre l'observation et l'attente que l'énergie du questionnement va trouver sa source. Étonnés et surpris, les visiteurs vont tâtonner, essayer des choses, lire les étiquettes, consulter l'ordinateur (d'où la notion de réalité glorifiée – mélangeant l'expérience réelle et le recours à l'ordinateur – par contraste avec celle de réalité virtuelle et au sens où une «gloire», qui est le halo lumineux entourant l'ombre d'un objet – par exemple un avion – projeté sur un nuage accompagne cet objet dans son déplacement et enrichit l'allure de cette ombre), parler à leurs voisins, s'interroger tout haut, ou tout bas; bref, ils vont basculer dans un état de questionnement qui deviendra leur attitude tout au long de leur visite à l'Exploratorium. Il en résultera pour eux un changement à court terme, introduisant essentiellement le sentiment que poser des questions est un jeu intriguant, plein d'attrait et à leur portée. Mais cela induira aussi chez eux un changement à long terme, dans la mesure où toutes ces expériences fortes auxquelles ils vont se trouver confrontés laisseront une trace persistante dans leur mémoire, attendant, le cas échéant, l'occasion ultérieure d'être reliées à une autre expérience, lecture ou réflexion, ce qui n'est jamais que le commencement de la compréhension. Ou, à l'inverse, l'expérience ainsi découverte sera le point de ralliement d'expériences ou de réflexions antérieures, moment culminant d'une compréhension enfin ébauchée.

À l'Exploratorium, c'est l'apprentissage qui est au cœur de l'activité du visiteur, un apprentissage qui, grâce à cette ergonomie de l'exploration, découle de l'expérience. L'utilisation des nouvelles technologies de l'éducation, qui tournent toutes autour de l'interaction d'une personne avec un écran, procède de la même idée, c'est-à-dire de la nécessité de concevoir et de faire déboucher cette interaction sur un riche et solide apprentissage de la part de la personne engagée dans cette interaction. Comment, dès lors, caractériser ces technologies en relation avec leur rôle de soutien d'un apprentissage réussi?

Il convient de remarquer une première dichotomie entre les technologies qui donnent accès à des bases de données, voire à des bases de connaissances (où au savoir déclaratif des bases de données on ajoute le savoir procédural sur les modalités et les conditions d'emploi de ces données afin de résoudre un problème, prendre une décision, accomplir une tâche), et les technologies de communication entre personnes. Le premier mode est bien illustré par l'exemple du CD-ROM et bientôt du DVD (vidéodisque digital contenant un film entier), le second par le réseau Internet, son courrier électronique ou ses forums. Évidemment, le réseau Internet donne aussi accès à des bases données.

Le livre électronique

La première catégorie pourrait utilement s'appeler le «livre électronique». Il s'agit d'organiser et de stocker des données de manière à en faciliter l'accès ou la manipulation pour la lecture, le visionnement, le jeu, la création graphique ou même musicale, etc. L'introduction de textes, d'images fixes et surtout de sons et d'images animées permet des présentations dynamiques particulièrement utiles dans la découverte de savoir-faire (bricolage, cuisine, santé, langues). Beaucoup d'encyclopédies ont maintenant recours à ces présentations multimédias.

Mais la vraie nouveauté de ce nouveau média réside dans son organisation. Non seulement peut-on noter les nouvelles formes que prennent les éléments de connaissance, mais il faut aussi s'intéresser à leur architecture, remarquer la nature de leur découpage en blocs élémentaires, leur organisation dans l'espace des connaissances et les hypothèses que l'on peut faire sur les modalités de leur utilisation, sur ce qu'on appelle le «modèle de l'utilisateur». L'idée de base, que ce soit pour des données brutes ou pour des blocs d'information déjà partiellement élaborés, est que l'organisation du stockage doit faciliter l'organisation du processus d'utilisation. Pour des données brutes faisant partie d'une base de données, il est clair qu'il convient d'offrir un accès aléatoire à chacune d'elles, au fil des besoins de l'utilisateur. Pour des blocs de récit appartenant à des bases de connaissances, c'est moins évident, mais il semble que cela fonctionne mieux aussi de cette manière, dans la mesure où c'est l'utilisateur qui bâtit son histoire en mettant bout à bout les éléments de son choix. L'auteur de ces bases de connaissances est alors transformé en un organisateur qui conçoit les blocs élémentaires, les procédures et les conditions possibles d'enchaînement de ces blocs pour former des récits prototypes. L'auteur est en quelque sorte démissionné de sa fonction de constructeur de récit, dans la mesure où il n'y a plus de récit unique. C'est l'utilisateur qui le remplace et qui construit son propre récit en l'assemblant pièce par pièce dans une singularité structurelle que ne pratique pas, en général, le lecteur d'un livre de facture classique.

Cette caractéristique trouble souvent les jeunes utilisateurs, qui ont tendance à substituer le *zapping* à l'élaboration d'une lecture personnalisée. En revanche, il y a matière, pour les enseignants, à inventer une pédagogie nouvelle de la construction de récit. Le terme «livre électronique» devient alors impropre, dans la mesure où il porte sa propre contradiction: un livre électronique n'est plus un livre, non pas tant par le fait qu'il fonctionne électroniquement, mais par l'architecture de son contenu. De lecteur de récit préétabli, l'utilisateur devient constructeur de récit. La construction d'un récit est évidemment possible lorsqu'on dispose d'un vaste jeu de blocs de connaissances, elle l'est encore davantage – ce n'est plus simplement un assemblage, mais véritablement une création – lorsqu'on y ajoute des données de communication ou des éléments que le lecteur crée lui-même, à l'occasion. Le récit, quant à lui, peut être réduit à ce qui se passe dans la tête de l'utilisateur, une simple représentation mentale, mais il peut aussi être matérialisé, représenté à l'aide de la technologie, qui permet d'enregistrer le parcours du lecteur et de le reproduire. Cette dernière modalité, laissant une trace rémanente, permet d'évaluer la nature et la qualité du livre conçu par le lecteur, que l'auteur de la base de connaissances peut, le cas échéant, apprécier. On voit ainsi émerger une caractéristique importante de cette approche, qui est le basculement, possible dans les deux sens, entre la fonction auteur et la fonction lecteur. Aussi, en classe, le concepteur et le médiateur de l'environnement d'apprentissage, parfois réunis en une seule et même personne, l'enseignant, deviennent lecteurs des œuvres de leurs élèves après les avoir guidés dans des méthodes d'élaboration de récits, tandis que les élèves deviennent auteurs d'une investigation, d'un rapport, de l'organisation d'une démarche qu'ils ont élaborée, en rendant compte, grâce à l'ordinateur, de leurs constructions, qu'ils parviennent à façonner en une histoire compréhensible.

Le réseau électronique

La deuxième catégorie de nouvelles technologies au service de l'éducation est celle qui a trait aux capacités de communication de ces technologies, l'exemple le plus connu étant celui du réseau Internet. Pour ce réseau, on est entré dans l'ère de l'utilisation de masse, au moins pour certains pays, comme les États-Unis (11 % des familles, soit plus de 10 millions, sont, fin 1996, reliées au réseau, à comparer avec 60 millions qui sont abonnés à la télévision par câble), au point que les craintes quant à son emploi portent plutôt sur le phénomène de saturation du réseau. Cette saturation se traduit par des temps d'accès et des durées d'utilisation prohibitifs. Au point que certains ont commencer à traduire www (*world wide web*) le *world wide wait*! Bien entendu, les temps d'accès sont limités par le tuyau qui, sur l'ensemble du circuit du réseau, a le plus petit débit. Quand il s'agit d'acheminer les données vers l'ordinateur de l'utilisateur, le segment limitatif peut être, par exemple, la rampe d'accès, la ligne téléphonique ou le modem qui couple l'ordinateur final au réseau. Cela devrait largement changer lorsque la télévision câblée servira de récepteur-émetteur pour le réseau Internet. Pour ce qui est de recevoir Internet, la télévision câblée en est à ses tout débuts. En attendant, et pour ces raisons, beaucoup d'utilisateurs commencent à déchanter lorsqu'ils voient ces routes électroniques, dans la pratique, devenir des sentiers à thrombose, sans pour autant que le paiement du temps de connexion soit suspendu pendant la durée des embouteillages. Aussi, quelques grandes universités, relayées en ces temps électoraux par le président des États-Unis, ont annoncé leur intention de construire un réseau exclusif et à plus haut débit qu'ils ont baptisé Internet II.

L'intérêt, pour l'éducation, d'utiliser ces réseaux pour communiquer est multiple, tout comme sont multiples les risques d'emploi. L'évidence première est la multiplication des accès à des sources d'information. On a déjà beaucoup dit sur cette profusion d'informations accessibles. Soulignons quelques points importants qui ont trait aux outils de recherche. On dispose maintenant de puissants moteurs de recherche, qui permettent de repérer l'utilisation d'un ou de plusieurs mots reliés par des opérateurs booléens (l'opérateur «et», en particulier) dans tous les éléments d'information qui les contiennent et qui sont postés sur le réseau. Ainsi, un mot comme «biologie» peut donner accès à des milliers de références. Les moteurs sont constamment à l'affût du contenu des sites et donc «prémâchent» la recherche et la mettent à jour régulièrement. C'est ce qui rend l'interrogation à l'aide d'un moteur si rapide et si efficace. La difficulté, ensuite, c'est de trouver dans cet entassement d'informations les éléments qui vont répondre à la recherche de l'utilisateur. Avec quel autre mot faut-il établir un croisement pour resserrer la recherche? Comment juger de la qualité de ce qu'on va trouver par la sélection de mots clés? Faut-il passer rapidement en revue le contenu des éléments désignés par la recherche, ce qui est possible pour quelques dizaines d'entre eux, mais certainement pas pour des centaines, voire des milliers ? L'expérience montre en effet que devant l'explosion du nombre de sites et du contenu de chaque site on peut se laisser embarquer dans des recherches extraordinairement décevantes. Évidemment, cela est parfois contrebalancé par une trouvaille aussi inattendue qu'heureuse, au détour d'une visualisation. Mais voilà bien un jeu de hasard, où l'espérance de gagner, comme à la loterie, peut être étonnamment faible.

La deuxième méthode pour faciliter une recherche sera, avec ou sans moteur de recherche, de se familiariser avec un certain nombre de sites dont on découvrira par soi-même, par ouï-dire ou par des publications qu'ils sont exigeants quant à la qualité et à la nature de ce qu'ils publient. Déjà on voit fleurir des labels de qualité, des noms de sites qui se détachent, des palmarès des meilleurs sites publiés régulièrement, sur tel et tel sujet (le site de l'Exploratorium est considéré comme l'un des dix meilleurs sites pour l'éducation aux États-Unis). Le jugement des pairs peut considérablement réduire le temps de recherche. Dans la même veine se développe la pratique du maillage des sites, grâce à l'utilisation du langage HTML facilitant le couplage hypertexte ; par exemple, un site peut proposer les sites préférés du mois, quitte à compiler la liste des préférences antérieures, variable de mois en mois, et y donner accès par simple cliquage.

Ainsi, les utilisateurs du réseau se constituent un répertoire de sites qui leur inspirent confiance à la fois par leur pertinence, leur qualité et la fréquence de leur mise à jour – un site ne reçoit beaucoup de visites que s'il est mis à jour fréquemment, tant il est vrai que la frénésie de la nouveauté attire une large part des utilisateurs. À partir du petit nombre de sites familiers reconnus et appréciés, les utilisateurs orientent ainsi leurs recherches, de proche en proche, vers les deuxième et troisième cercles de sites auxquels ils sont amenés par ceux qu'ils connaissent déjà. Une redondance certaine est à prévoir, mais la garantie de la qualité expérimentée par des tiers en qui on a *a priori* confiance sera d'un grand secours. Dans la pratique, c'est la combinaison de ces méthodes et de bien d'autres, qui sont encore en train de naître (le recours à des agents de recherche intelligents pour la conception desquels des recherches sont en cours), qui facilitera l'accès à l'information pertinente. C'est manifestement un domaine où l'innovation dans les processus et les algorithmes de recherche va continuer de fleurir pendant longtemps. La National Science Foundation s'y intéresse activement en finançant des contrats sur le sujet.

Une fois l'information trouvée, il faut, bien sûr, en prendre connaissance et pouvoir éventuellement la repérer grâce à un *bookmark*, ou «signet», la charger électroniquement, ou même la décharger et l'imprimer, afin de l'introduire dans des compositions ou des rapports que l'utilisateur prépare et où elle figurera aux côtés d'autres éléments. Cette capacité d'extraire la bonne information pour la recomposer avec d'autres est cruciale dans le cas de l'éducation. C'est aussi une pratique courante. Bien entendu, la bande passante ou la taille des mémoires peuvent imposer des contraintes et des limites d'accès ou de temps de chargement quand il s'agit d'images fixes et *a fortiori* d'éléments vidéo.

Cet aspect des technologies de communication, même s'il est attrayant et parfois risqué (le risque de se perdre ou de tomber sur des informations inappropriées, voire dangereuses), n'est probablement pas le plus novateur. Car il s'agit ici, au fond, de l'extension de la fonction de bibliothèque, ce qui, au passage, va devoir obliger les bibliothèques à réorganiser leur fonds et la nature de l'accès donné, pour se mettre à la portée de leurs lecteurs. Pour l'éducation et dans ce cadre, on trouvera des leçons modèles, des programmes entiers, des exemples de questionnement, d'interrogations et de contrôle, des dialogues cognitivement réussis, etc., bref, une sorte de vidéothèque pédagogique que les livres n'offrent pas. On pourra aussi trouver ces informations pédagogiques stockées sur CD-ROM ou DVD, comme on l'a vu précédemment. Mais cela restera toujours de l'essence d'une bibliothèque. L'intérêt vraiment nouveau proviendra du mélange de l'accès à ce type de documents avec des opérations de communication entre différents points du réseau. Et plus on aura besoin de l'un – l'accès aux bases de données –, plus on sera heureux de pouvoir se servir de l'autre, la conversation sur le réseau, pour faciliter aussi bien la recherche des données que la construction de leur sens.

Cela pourrait commencer par des dialogues entre l'utilisateur et des modèles de professeur ou d'élèves, élaborés en tenant compte des recherches récentes en matière de cognition humaine. Bien sûr, cela ne remplace pas le dialogue entre personnes réelles, mais c'est déjà davantage que le simple accès aux bases de données.

On sait combien, dans les pratiques scolaires, l'enseignement réciproque peut s'avérer un cadre pénétrant pour intérioriser des stratégies cognitives d'apprentissage, de résolution de problème ou de prise de décision. Un enseignant, par exemple, explicite à haute voix sa manière de lire un texte en énonçant le sens à chaque étape, en anticipant, à la lumière de ce qui vient d'être lu, ce qui sera trouvé dans la suite de la lecture, etc., il le fait face à ses élèves, qui savent qu'ils vont devoir en faire autant, sous peu, si telle est la règle du jeu. Cela représente un exemple d'extériorisation de pratiques cognitives expertes que, petit à petit, par compagnonnage avec l'enseignant, l'élève peut s'approprier. Au bout du compte, l'élève apprend à les intérioriser et à les faire fonctionner quasiment sous forme de routines pour son propre bénéfice. Ce recours en classe au compagnonnage cognitif, qui requiert des enseignants experts, rompus à ces exercices, peut aussi se pratiquer sur le réseau, faute d'enseignant exercé, disposé et disponible sur place. Mais on peut imaginer encore plus, à savoir que soit mis sur le réseau des modèles de maîtres ou d'élèves. Celui qui dialoguera avec ces modèles découvrira qu'ils incorporent, par exemple, des erreurs volontaires mais non signalées, tel un problème résolu à haute voix mais avec une mauvaise stratégie de départ ou une stratégie laborieuse. Le réseau facilite ainsi une interaction non pas de deux personnes mais d'une personne avec un modèle de personne, quelque chose de beaucoup plus ouvert qu'un recours à l'intelligence artificielle, mais de moins flexible que le recours à un véritable expert.

Bien entendu, le recours direct à la communication interpersonnelle sonore, visuelle et en multipoints par le réseau va se généraliser. Les capacités actuelles de l'audio-conférence sont déjà élargies à la vidéoconférence, avec usage en direct ou en différé (le différé est moins contraignant que le direct, mais moins spontané; c'est un autre type d'échange).

L'expérience montre, dès maintenant, le rôle de cette forme de communication pour l'éducation. Pour les élèves, c'est d'abord un moyen inattendu de consolider le groupe qu'est la classe. En effet, communiquer avec un autre groupe à distance requiert la présentation du groupe et, en quelque sorte, pousse le groupe à créer sa propre identité. Cela nécessite aussi un gros travail de présentation (simplification, raccourcis, recherche du message bref qui va à l'essentiel, etc.) de la part de chacun des individus composant ou représentant le groupe. Le groupe est ainsi amené à beaucoup communiquer en son sein pour être en mesure d'un peu communiquer avec l'extérieur. À ce jour, c'est certainement un des bénéfices principaux des expériences de communication à distance entre classes.

L'autre dimension de ce mode de communication est l'occasion offerte aux élèves de s'exprimer et de composer pour publier sur le réseau, de présenter ainsi le résultat de leurs investigations, de faire part de leurs commentaires, d'exprimer leurs questions et de manifester leurs capacités de création par le dessin, l'image, la séquence vidéo. C'est évidemment une très forte incitation au travail individuel et collectif qui doit précéder la mise en forme de ce qui sera communiqué. Il s'agit de bien plus que la simple élaboration d'un message électronique. De fait, c'est une motivation très forte pour les élèves d'aujourd'hui. Le puissant et très contemporain levier conduisant à apprendre pour pouvoir communiquer et à communiquer pour exister fonctionne ici pleinement. Il est la marque d'une nouvelle raison d'apprendre dans ce monde si fortement dominé, et parfois aliéné, par les médias. Une des limitations qui subsistent dans le développement de ces publications par les utilisateurs sur le réseau est la difficulté de définir avec les éditeurs une politique de copyright satisfaisante. En particulier, la notion de *fair use* (usage honnête) à des fins éducatives doit être définie d'une manière ouverte. Cela doit permettre à des élèves d'incorporer des documents sur leurs sites, à des fins d'affichage, sans but lucratif et sans limitation de durée. Les discussions sont en cours aux États-Unis.

L'exemple du site Web de l'Exploratorium

Donnons quelques exemples de ce que l'on peut concevoir et poster sur le réseau et qui puisse favoriser l'apprentissage en sciences chez de jeunes élèves.

Il est par exemple possible de faire référence à l'actualité et d'amorcer la présentation d'un lieu à découvrir ce qui pourra inciter le professeur à organiser une visite avec sa classe. Ainsi, un récent déversement pétrolier dans la baie de San Francisco nous a conduit à poster des informations (textes, images et son) sur l'existence d'un modèle physique de la baie, construit par les ingénieurs de l'armée pour étudier courants, évaporation, effets de digues et de barrage, concentration d'eau potable dans la baie, etc. Le modèle occupe un bâtiment de plus de 200 m de côté que l'on peut visiter en image grâce au réseau. Le son permet d'entendre une entrevue avec un des *rangers* qui y travaillent, qui explique l'origine et l'utilité de ce modèle physique. Cela donne l'occasion de présenter une actualité scientifique dans un contexte appliqué à l'environnement et à sa protection (comment endiguer, puis éliminer une nappe de pollution, comment conserver l'eau potable).

On peut aussi trouver sur notre site des manipulations interactives. Toutes, parmi les 700 développées à l'Exploratorium, ne peuvent être portées intégralement à l'écran (manipuler une tornade reste plus intéressant que manipuler l'image d'une tornade!), mais plusieurs des expériences sont de bons candidats à un tel transfert. Il suffit que ces expériences soient fondées sur des images et mettent en jeu, par exemple, la perception humaine. Ainsi l'illusion de la rotation d'une fenêtre trapézoïdale, qui est perçue comme une oscillation plutôt que comme une rotation. Mieux encore, la technologie permet de charger à partir du réseau un programme de manipulation de cette fenêtre (Quick Time VR) qui, une fois chargé, permet de manipuler la fenêtre à volonté sur l'écran. L'expérience sur écran devient alors encore plus interactive que dans l'espace de l'Exploratorium, où la fenêtre tourne d'une manière automatique. L'observation d'une image « après image » qui apparaît dans la couleur complémentaire d'un objet regardé est un autre exemple de ce qui peut être expérimenté sur le réseau. (On regarde par exemple un oiseau vert pendant quelques minutes ; en fixant ensuite le regard sur une plage blanche on voit se profiler pendant quelque temps l'image de l'oiseau dans la couleur complémentaire du vert.) Toutes ces manipulations, portées à l'écran et accessibles sur le réseau, peuvent quasiment être mises en libre service à la disposition des élèves.

À côté des manipulations ou de visites d'expositions (Quick Time VR permet de se déplacer dans l'exposition en faisant défiler les images de l'espace d'exposition comme si on tournait sur soi-même), on peut trouver des activités scientifiques conçues pour les élèves mais qui ne peuvent être réalisées intégralement à l'écran. Par exemple, la dissection d'un œil de bœuf. L'intérêt est de pouvoir trouver à l'écran toutes les données pratiques et techniques, visuelles, sonores et textuelles pour réaliser la dissection (où trouver un œil de bœuf ? quel scalpel utiliser ? comment opérer ?), avec une démonstration filmée comme point culminant. Cela va encore plus loin, car on peut trouver aussi différents points de vue pédagogiques sur la manière de présenter la démonstration de la dissection d'un œil de bœuf. Ces points de vue sont défendus, avec démonstrations et explications à l'appui, par différents présentateurs appartenant aux équipes du musée. Imaginez la richesse de telles informations pour des professeurs qui ont à préparer une leçon ou un travail pratique sur un thème ou concept particulier, le jour où ils pourront trouver sur le réseau ce genre d'informations techniques, pratiques et pédagogiques leur permettant de faire un choix parmi différentes approches pédagogiques en fonction de leurs préférences personnelles ou en tenant compte de la nature et du niveau de leurs élèves. On peut aussi espérer capturer et représenter le comportement d'un professeur particulièrement talentueux, ayant accumulé une longue expérience dans un domaine précis, et l'interroger sur ses raisons d'opérer comme il le fait. Plus généralement, cela permettra de rassembler une base d'expériences pédagogiques importantes et d'en faire d'éventuelles sources d'inspiration, voire des modèles. Une chose, justement, que le système éducatif ne sait pas bien faire actuellement est de capitaliser l'expérience de ses professeurs et experts et de la diffuser facilement. Sans compter que, sur tous les points précédents, il est possible d'utiliser le courrier électronique pour faire des commentaires et enrichir de sa propre expérience d'utilisateur ou de citoyen le débat scientifique, l'exposition, la manipulation ou l'activité.

Par cette voie de retour, que nous avons utilisée pour certaines expositions que nous avons postées sur le réseau, nous avons pu imaginer une nouvelle approche que nous avons appelée l'exposition codessinée. Une telle exposition provient de la contribution initiale de nos équipes, ainsi que de la contribution de nos utilisateurs ou de nos visiteurs, contributions qui pour certaines peuvent devenir part de l'exposition elle-même. Cela requiert un format initial de conception invitant à des contributions et, subséquemment, à un travail de filtrage, de sélection et d'ajustement des contributions extérieures. Le résultat peut être splendide, car là aussi la frontière entre les concepteurs d'un côté et les utilisateurs de l'autre est partiellement abolie. Les trois idées – de la réalité augmentée du réseau, de la conception conjointe et de la remise à jour fréquente – sont des éléments caractéristiques clés des expositions du futur. Cela sera grandement facilité par le recours à ces technologies de communication grâce à leurs nouvelles caractéristiques. On peut aussi mettre en œuvre, à l'aide du réseau, des techniques de prise de données (visuelles) à distance. Ainsi, des échantillonnages d'images prises par une caméra en plan fixe et envoyées toutes les secondes ou minutes permet de poster et de stocker des données d'observation sur un environnement éloigné (où se trouve la caméra reliée à l'ordinateur par le réseau). Le comportement d'animaux dans la nature ou dans un jardin zoologique, les courants d'écoulement d'eau, le mouvement des nuages, la circulation de véhicules, etc., sont d'excellents exemples de sujets d'observation conduisant à des investigations éventuelles.

Enfin, sur le réseau il est possible de participer à des expériences interactives un peu plus élaborées. Par exemple, on peut relier avec le sol, par une liaison Internet, un avion où sont embarqués quelques élèves, des professeurs et du matériel. Cela permet à des classes restées au sol de participer à des expériences réalisées en vol et même de les piloter. Ce genre d'expérience en temps réel peut être diffusé en direct ou en différé sur le réseau, selon la technique du *webcast*, par référence à celle du *broadcast* en télévision. Tous les utilisateurs du réseau peuvent ainsi rentrer en contact avec cette expérience de communication entre ciel et terre, s'ils sont munis d'un logiciel – qu'ils trouveront sur le réseau – qui permet la communication sonore.

On voit que dans tous ces cas le rôle du professeur est différent de son rôle classique. Il est beaucoup plus un organisateur d'expériences, un courtier qui sert d'intermédiaire, un chef d'orchestre de l'apprentissage individuel et collectif de ses élèves, un évaluateur des résultats. C'est assez différent de la fonction traditionnelle de l'enseignant qui présente des informations, propose et corrige des exercices, évalue et contrôle. Le métier devient ainsi un peu plus complexe, mais aussi beaucoup plus captivant. Il faut espérer que, si cette transformation professionnelle se produit, elle contribuera à attirer de nouvelles vocations.

Conclusion

En conclusion, il faut reconnaître que nous sommes actuellement dans une période de développement fulgurant pour ce qui est des technologies de l'information et de la communication. Leur usage pour l'éducation ne garantit pas automatiquement une amélioration de l'apprentissage. Des pratiques peu efficaces et centrées sur l'enseignant peuvent aisément être maintenues et même amplifiées à l'aide de ces technologies. Il convient donc de réfléchir à leur emploi en tenant compte d'un point de vue pédagogique qui centre l'utilisation sur l'aide apportée à celui qui apprend, qui tient compte de ce que l'on sait aujourd'hui, en matière de cognition humaine dans le domaine d'apprentissage pratiqué, et qui conduit à repenser le rôle de l'enseignant comme étant davantage celui d'un concepteur d'environnement d'apprentissage, d'un courtier en connaissances, d'un expert en cognition et d'un évaluateur travaillant en équipe. Il est alors possible d'envisager que de nouvelles utilisations de ces médias soient inventées grâce à une approche pragmatique, expérimentale et guidée par une réflexion sur les caractéristiques vraiment nouvelles de ces technologies. En effet, fondées sur une extrapolation de ce qu'offrent aujourd'hui le livre et le téléphone, elles élargissent considérablement leur apport, grâce à leur caractéristique multimédia, à la facilité de fréquentes mises à jour, à l'abolition de la frontière entre concepteur et utilisateur et à la possibilité de *codesign* qui donne à l'apprentissage sa pleine dimension sociale. Il serait dommage de ne pas savoir bénéficier de potentialités aussi attrayantes.

Goéry Delacôte *est un scientifique français, professeur de physique à l'Université Paris 7, provisoirement affecté à l'Exploratorium en tant que directeur général depuis février 1991. Titulaire d'un doctorat de physique sous la direction de Pierre Aigrain, ancien élève de l'École Normale Supérieure de Paris (1958-1962), il a évolué dans le domaine de la science de l'éducation et de l'information scientifique depuis le début de sa carrière.*

De 1979 à 1982, Goéry Delacôte a été responsable scientifique pour la conception des expositions permanentes dans le cadre de la création du musée scientifique de La Villette à Paris. De 1982 à 1991, il a été directeur scientifique chargé de l'Information scientifique et technique du Centre National de la Recherche Scientifique (CNRS). Au CNRS, il a été en particulier responsable du projet et de la création du groupe INIST (Institut d'Information Scientifique et Technique) et de son implantation à Nancy. En même temps, il a assuré la présidence de l'Institut National de la Recherche Pédagogique. Goéry Delacôte vient de publier aux éditions Odile Jacob un livre résumant ses cinq années d'expérience californienne: Savoir Apprendre.

Bibliographie

DELACÔTE, Goéry, *Savoir apprendre*, Odile Jacob, Paris, 1996.

CLOSING THE SHUTTERS
ON "THE WINDOW ON THE WORLD"

Museums and the Future

Duncan Ferguson Cameron

President
Cameron & Company: Cultural Affairs Ltd.
Canada

Résumé

En prévision des transformations politiques et culturelles qui toucheront inéluctablement le musée, **Duncan Ferguson Cameron** *s'interroge sur l'essence même du musée, sur ce qui constitue sa capacité d'adaptation à des contextes historiques, politiques et culturels différents. Autrement dit, en extrayant de l'idée de musée ses principales composantes – qui seraient au nombre de sept –, il développe ce qu'il appelle l'«archétype du musée». Au moyen de cet outil d'analyse, il suit la modification du rôle du musée, et par conséquent la pratique muséale qui l'accompagne, selon la variation des contextes politiques et sociaux. Deux grandes caractéristiques de la société nord-américaine, le «corporatisme» et la «diversité culturelle», cette dernière conduisant idéalement au pluralisme culturel, illustrent son propos. En dernier lieu, l'auteur nous fait réfléchir sur la place éventuelle du musée dans un monde futur où les réalignements politiques s'effectueraient selon des trajectoires culturelles et «civilisationnelles», plutôt que selon les termes traditionnels.*

This is an essay about museums, the future, and the classic dilemma confronted when trying to manage and influence change. The vision is on one horn and reality is on the other. Idealism confronts pragmatism. The Muse meets Realpolitik. When the action is creative it leans towards the vision and risk is increased, whereas the risk diminishes as decisions move towards practical politics, but the prospect of positive change shrinks accordingly. In museums as in politics, the escape from this dilemma is supposedly to be found in the middle ground – in the art of the possible.

In the script I would write for the future of museums, the dilemma places them nowhere other than where they have always been. Museums are found somewhere between being a mechanism for social stability, preserving the *status quo,* indoctrinating and propagating the faith, on the one hand, and on the other being the means to an autonomous sense of identity and of place for those struggling to find their way in the maze of being. The former is authoritarian, from the top down. The latter may be individualistic or communitarian, but is from the bottom up. Either can be accommodated within the parameters of a liberal democracy, but there are choices to be made and this essay is about making those choices in the museums of tomorrow.

I do know that it is the clever fools who predict the future, and bigger fools who believe them, but there is some virtue in speculation. As President Clinton said in his 1997 Inaugural Address, "We have to imagine the future before we [can] create it." If nothing else, efforts to see the shapes of tomorrow can inspire the consideration and exploration of ideas that might otherwise lie fallow. Thus, for those of us who believe in "the centrality of the [museum] institution" and its importance to "an understanding of our culture that is itself a prerequisite to changing it", prophetic musings are an obligation.[1] To make predictions that are useful, however, is more easily said than done.

In order to speculate on the forms and functions of tomorrow's museums, it is first of all necessary to move away from the specifics of the familiar museum we know, the modern European/American model of a museum, to the abstract, to a notion of the museum idea that will free us to think outside of the boundaries of our conventions. The museum is, after all, a persistent and pervasive idea that has been manifesting itself in different cultures at different times and in different guise for thousands of years.[2] It would be most arrogant, surely, to assume that Western civilization's current and culturally specific museum ideas either could or should become universal tomorrow.

Once we set the provisional two or three-hundred-year-old European model aside, as a fascinating artifact of its time and place in history, we are left looking for a notional museum idea; for a social construct that we can use as a tool in understanding the essences of the museum phenomenon. A year ago, for the purposes of another exercise, I tried to identify a possible recurring motif or archetype of museum-like phenomena occurring in different societies in different time periods.[3] The cluster of criteria I eventually brought together as a putative museum archetype is problematic. It may be seen as more descriptive than heuristic and an inadequate social construct, but to paraphrase, it is a poor thing but mine own, and I will later set it out and use it here.

Given this notion of the museum idea to work with, the next problem in forming a prophecy is to make assumptions about the future in which such an idea might germinate. For any foretelling there is always an array of *a priori* assumptions as in: If the car starts and the rain holds off; if Sarah made the soufflé and Andrew brings the wine; if the ants aren't too bad and the wind dies down, it will be a wonderful picnic. The future museum will obviously be shaped by myriad factors, economic and political, societal and cultural, and as a social invention the museum cannot be separated for analysis from the complex totality of its environment. However, that implies a call for a comprehensive prediction of tomorrow's world which is too daunting a task for this brief paper or this writer. I must be selective, and make assumptions about one or two salient characteristics of a possible tomorrow which would be significant determinants in the museum's reincarnation and useful for our exploratory purposes here. One way of identifying such significant factors is to review the many informed predictions of future change, which we have today in abundance, looking for projected changes that are without historical precedent and for any that are not usually predicted within the frame of our contemporary mythology.[4] We can then consider the effect that these anomalies might have on future manifestations of the museum idea.

For this essay, I have arbitrarily isolated two changes that have been predicted in the foreseeable future of our world, and which could shape tomorrow's museum phenomena either for better or for worse. The first is without precedent and the second is both in conflict with contemporary Western mythology, and, it would appear, is conflicted by the other. The first is the unprecedented mobility of world populations which is producing ever increasing cultural diversity everywhere.[5] The second is the realignment of societies and the consolidation of civilizations by cultural affinity, replacing the politico-economic cartography of the past and the convention of the nation state.[6] Given my notional museum idea, the archetype, and taking these predicted changes as eventualities, I will attempt to describe some of the options for future museums.

The Development of the Archetype

It is hardly novel to broaden the view of the museum beyond the modern European model which came out of The Enlightenment as reason and science replaced mysticism and magic. Many authors have argued the modern museum as a replacement for the cathedral, as a shift from the worship of God to the worship of Man. Historians conventionally site the *mouseion* at Alexandria, founded by Ptolemy Philadelphus, as the first museum, or trace beginnings to other classical traditions such as the *thesaurus* at the temple for storing gifts to the gods, or the palace art galleries, the *pinakothekai*. The *Wunderkammer* or cabinet of curiosities of the sixteenth and seventeenth centuries is often cited as the modern museum's precursor.[7] All of this falls, of course, within the history and tradition of Western civilization and even if I were to show that the caves at Lascaux were a museum, we would claim it as our own.

The museum tradition in non-European cultures has been less noted, and authors such as Germain Bazin are to be thanked for bringing to our attention the museums and art galleries in China and Japan as early as the second century BC, and the early museum-like collections, hoards and treasures which can be readily identified in the Indian and Arab worlds.[8] Anthropologists, however, seem to have forgotten to identify as museum-like the traditions in tribal societies which could be seen as analogous. An attempt was made to see if there were characteristics common to all of the above.

Analysis began with the modern European museum, from there to the Renaissance, to Mediaeval examples, to Rome, Greece and the ancient world. The search was extended to Asia, East Asia, and the sub-continent, and finally to tribal societies. There did appear to be recurring motifs over time, and analogues between civilizations and cultures. Beginning with an inventory of the characteristics of the modern European museum, the compilation was reduced in complexity as earlier periods were examined and then as non-European and tribal societies were studied. Commonalities became fewer but more pervasive. What survived is represented as the common characteristics of museums and museum-like phenomena wherever they could be found.

The museum, it appeared, is an institution whose value to society is as a mechanism for maintaining social stability. It is created by and is governed, directly or indirectly, by the source of legitimacy in that society – by those who have won the right to rule. By 'society' here we could mean a nation or a small town, a club or group of some kind, but we would still find the principle of being created by and for the appropriate powers-that-be for the maintenance of the relevant *status quo*.

Museums also seem to need a special kind of site or location, some place that implies the authority of the founders and the special – even sacred – nature of the institution. The chosen site and any structures built upon it are symbolic of the power of its consecrator. At the site of museums are found collections, and that is complicated.

Museum collections are symbolic of the society's belief system, its mythology. We tend to think of museums having collections of things – works of art, artifacts, specimens – but in some cultures that which is most valued, and which embodies the mythology, is text or song, dance or ritual, and not primarily or even necessarily tangible objects. Our idea of museum collections must be opened wider. Some collections may be ephemeral, to be presented and then gone, as in song or dance, but these may be repeatable. Other collections may have a permanence, as in objects or texts, and can be stored and retrieved again and again. But the component parts of collections are not necessarily static or stable in meaning or importance. As a society's view of the world changes, as the mythology is transformed, so collections and their parts are transformed through their interpretation. What is a symbol of virtue one day may become a symbol of evil in another. Museums have what we might call ideological flexibility, which is an oxymoron to ponder.

Museums, then, are mechanisms for social stability, created and governed by those in authority. They are given a special place where they present collections symbolic of the society's myths. These collections can be in any of many media, can be ephemeral or quasi-permanent, and their meanings can be altered to accommodate a changing world view. This is the resource but what activates the mechanism?

To put the museum to work those in authority – the proprietors – appoint agents to protect, present and interpret the collections. These may be priests or teachers, story-tellers or troubadours, curators or keepers, but their job will be to present and interpret the symbolic meanings of the collections as *truth*. Sometimes the truth will be shared with all members of a society, and at other times the truth will be shared only with an elite or a chosen few. The established and prevailing view of the world, (which I have been calling the mythology), will be reinforced in the society, the *status quo* will persist, and the legitimacy of those who rule will be further entrenched.

The Putative Museum Archetype[9]

I

The museum is an institution whose value to society
is as a mechanism for maintaining social stability.

II

Proprietary rights and control over the museum
will be claimed by the source of legitimacy in that society,
that is by those who have won the right to rule.

III

The proprietor will consecrate a site or sites
for the museum, making it symbolic of authority
and significant in its society.

IV

The museum will have collections in any of many media,
either ephemeral and repeatable or permanent and recoverable,
which are symbolic of its society's myths.

V

The symbolic meanings of collection materials can be altered
to accommodate changes in the dominant mythology.

VI

The proprietor will appoint agents to protect,
present and interpret the collections.

VII

The agents will present and interpret the symbolic meanings
of the collections as truth, to some or all members of the society.

When Professor Jean Trudel, a museologist at the Université de Montréal, read this description of the essential museum he wrote, "I can't think of a more accurate archetype... It clarified many of my intuitions, but left me a little bit depressed."[10] Why depressed?

This archetype, or description of the museum's essence, is drawn from all of its incarnations, and is distilled from what are seen to be the realities. It does not infuse the ideals of the late twentieth century museum movement which are liberal, democratic, humanitarian and egalitarian. But it is museum ideals, not realities, which have drawn many to museum work, never suspecting that they would later be described as agents of The Establishment, maintaining the *status quo* through indoctrination. I too find it a depressing idea, but having tested the criteria of the archetype against museums, art galleries and the like that I know, I do not find it to be less than plausible.

(Something has to be said here about the terms '*status quo*', 'social stability', and one I have not yet used, 'cultural integrity'. '*Status quo*' means the existing state of affairs, which can be seen as good or bad. In contemporary usage, however, the term has come to mean a stolid if not regressive state, unacceptable for lack of any dynamism or forward movement. Which makes one wonder about the *status quo* of a supersonic jet aircraft in flight. 'Social stability', which could mean stability in both dynamism and direction, also seems to have an aura of stasis if not stagnation, lacking that sense of commitment to a morality and a system of values that determine social practice. I have been searching for a substitute which would have a positive connotation in present use, and which would mean the maintenance in place of a belief system and the concordant way of life. Instead of 'maintaining the *status quo*' or 'social stability', might we say 'maintaining cultural integrity'? At least it sounds like a good thing to do, so I will use 'cultural integrity' henceforth, except when the pejorative *status quo* is called for. Of course one person's cultural integrity may be another's vision of Hell, but that's another issue.)

The Museum as a Radical Institution

When considering the implications of these criteria, attention should be given first to what I have called proprietorship. It is important not to infer that all museums are said to be owned and controlled as part of a sinister plot by a monstrous establishment, a fearsome power-elite that eats idealists and radicals. It would be more reasonable to infer an argument that those in authority in any community, very large or very small, are likely to create and support that which furthers their agendas. They are not likely to either begin or sustain an unmanageable revolution. Questioning, debate and opposition are something else again.

There have been, and are museums either created or turned to challenge prevailing ideas of cultural integrity, majority views, The Establishment, society's prejudices and misconceptions, and to endorse unpopular and even the most heretical, blasphemous and seditious views. Cultists, racists, anti-Semites and anarchists have established museums of one sort or another within the liberal fold of democracy. On a more positive note, minority ethnic groups have created their own museums and often radical programmes, with and without the help of public funding, often defying the established assimilationist doctrines of the state. In the United States, African-American and Hispanic-American museums present their unique perspectives. In Canada, First Nations museums and cultural centres, and a variety of ethnic museums speak with autonomy. Then there are private, corporate-sponsored museums preaching a variety of sermons on consumerism, entrepreneurship and product virtue. There have been privately owned museums devoted to very idiosyncratic views of the world, autistic views of history, eccentric and sometimes bizarre collecting passions.

It might be argued that museums of the natural sciences presenting Darwinian theory once challenged society, (and in some communities might still do so), or that museums of contemporary art constantly challenge our ways of seeing the world and ourselves. Science centres challenge us with facts and information, dispelling superstition, folk-knowledge and ignorance. Women's museums challenge centuries of patriarchy. History museums set the record straight to rid us of ethnic, racial and chauvinistic falsehoods.

Some of us have worked through a career in museums believing we wrested the institution from its masters while turning it to serve our own enlightened agendas. *We must realize that we were tacitly permitted to do so.* Unless we were censored and fired, or convicted of crimes and jailed, our most radical adventures in dissent came within the comfortable limits of acceptable questioning, debate and opposition inherent in the political agendas we challenged. The record of censorship, withdrawal of funding and outright suppression, with or without a context of public outcry, shows that museum enterprises in dissent do not survive before their time has come for at least begrudging political and public tolerance, for society sets very real limits on the deviant behaviour of its institutions. Such a view is realistic and not at all cynical, even if it is depressing for those of us who thought we had outwitted the system, and it is paramount that we recognize the autocracy of the museum's proprietors in determining the permissible limits of the interpretation of the collections.

The Museum as Educator

A second criterion to examine carefully is the educational function of the museum implied by the word 'interpret.' Whether one looks at churches and temples, tribal rituals, cabinets of curiosity, spoils of war, song and story cycles or the Louvre and the Prado as examples of museum phenomena, the educational intent is apparent. It may range from the private pleasures of enlightenment for an elite group to what we would call mass propaganda, to the socialization of the young or rites of passage, to the uplifting of the working classes, or from an extension of the classroom curriculum to autodidactic experiences in self-discovery, but it is still education, preparation for the work of life. Invariably it has been designed to transfer to the members of society, and especially the young, the established beliefs and values inherent in the endorsed and dominant mythology of established authority.

The museum then, like other institutions we have created for both formal and informal education, is assigned to assist in fulfilling the agendas of those in power (whether of a small group or a nation state) through the effective communication of established values, which will, in turn, maintain cultural integrity. And as established values or the mythology changes, so too will the directions of education and museum interpretation. Education as learning to think independently, question, analyze, explore and possibly protest is an ideal I cherish, but I recognize that neither public schools nor public museums are intentionally dedicated to insurrection or anarchy. Education is, first of all, socialization – "acquiring the necessary values and behaviour modifications for the stability of the social group of which one is a member."[11] Therefore today, in a corporatist society, education must be preparation to be an active consumer and a productive member of the work force, contributing to the health of the economy. I think of this as both inevitable and reasonable, given the values of the society in which I live. But if it is a valid contention, what do the current and dramatic changes in our traditional European/American museums and art galleries tell us about cultural integrity and our archetypal criteria?

The Museum in Corporatist America

In recent years the political and economic ideologies in much of the Western world have shifted to the right. We live in a new reality of the global market, a market-driven consumer society, regressive social policies, educational reform from ideas to facts, from learning to skills, and 'family values' as a euphemism for bigotry. The extreme postures of rugged individualism are no longer laughable but now laudable. It is a time of unprecedented corporatism.[12] Some see this ideological environment leading to the death of the museum, observing as follows:

> Museums now model themselves on corporations, and Directors are called Presidents. Most trustees are either political hacks or social climbers. They support the drastic government cut-backs in funding. The proposition that educational and cultural institutions can be economically self-sufficient – that is viable without tax-dollar support – is believed by a surprising number despite the lack of evidence or examples of such achievements. Some US museums are now operating for profit as multi-national corporations with branch plants in Europe and the Pacific Rim. Self-generated income through retail sales (including Web-site shopping and mail-order catalogues), user-pay fees, rental of exhibition galleries for weddings, banquets and corporate functions, sales of technical and professional services, lending fees charged to other museums, increased admission fees, food, beverage and catering services, and even the selling off of collections from the public trust, – these have become an unavoidable survival strategy and a first priority over service to the public. Dog-eat-dog competition for the public's entertainment dollars among cultural institutions, once covert, is now overt.
>
> Corporate sponsors are not only essential to operations but also now play a leading role. With the move to private sector funding the corporations have become the new proprietors, and their participation is no longer philanthropy, if it ever was. The funds now come from the corporations' marketing budgets rather than from allotments for charitable donations, and although it is hotly denied, the corporate ideology and agendas come to the museum in the same envelope as the cheque. It is noted that in neo-conservative territories, the corporate and political agendas are one and the same. Any

shift from the government support of museums to private sector support will only be a shift from the principles to the products. Museums are no longer 'in the service of society.'[13]

Should it surprise us if museums are becoming indistinguishable from shopping malls, or that collections are being viewed less as a public trust and more as fluid assets to be sold to offset deficits? Should museums profiting from each other through fees and charges for services, or public exhibition galleries closed to the public for a wedding reception, come as a shock? No. Consider this line of argument. The museum is competing in a free market for its customers' entertainment dollars not their minds. It is offering products, not ideas. The guiding principle, the objective, is the bottom line, the elusive margin of profit, not the museum "in the service of society" as the ICOM definition has it. The attack on the new, end of millennium museum is not justified. With our changing mythology, (and our ideological flexibility), surely cultural integrity now becomes a steadfast holding to the principles of the free market, acceptance of John Wayne survival-of-the-fittest individualism, and culture and heritage being that which survives the tempest of competition and not something to be nurtured. The shopping mall, cutthroat, hyped and commercially seductive museum is the temple of our times and values.

When one examines a museum with this new look of our times, and tests it for the criteria of the archetype, it is easy to get a 'fit' for it proves out as a *bono fide* museum, except in the matter of the proprietor's agents. Here we might have expected to see a new role for curators, the traditionally academic and intellectual leaders within the museum, but instead in the new museum, the curators have been demoted and pushed into the background. In their place the anti-intellectualism inherent in neo-conservatism has led to the creation of a new breed of museum doyens, new agents to proselytize, the managers and the marketers. Once this is understood the new museum is fully qualified. But remember that the archetypal criteria did not touch on the *content* of interpretation beyond being truth, but only its performance.

What must be of most interest to us in an analysis of the changing museum of our times is not so much the emergence of new players in old roles, but whether or not the incorporation of current neo-conservative values has penetrated deep enough to change the interpretation of collections, the meaning of the icons. I think it has.

In the period 1945 to somewhere in the 1980s, there was a liberal, ethical movement in the museum world. The democratization of museums and intellectual access were addressed. The sins of imperialism and colonialism were 'put on the stand', so to speak, as cultural appropriation and representation, the immoral 'theft' of heritage and its repatriation, were nudged towards resolution. Issues of gender and sexuality, were confronted. Although it was always contentious the arguments for cultural relativity were pressed. Under attack was Eurocentrism, universalism and patriarchy. The museum as a 'Window on the World,' where all peoples, all faiths, all cultures, where nature and art, science and natural wisdom, were all to be seen through the same pane, was rejected. This ethical movement was at times just a minority voice and at others a force that moved legislators to action and international councils to decision.

Today, where the ideologies of libertarianism and neo-conservatism prevail, I suggest that the liberal, ethical movement has lost ground. It is seen, not without reason, as akin to the political left, the enemy. Further, the Euro-American corporatist players in the global market must see their culture – Western Civilization – in universalist terms. Where once the Christian mission was to create a global village of believers, the multi-national corporations and global marketers must now create a global village of consumers. To that end we must gather once more in front of the Window on the World that we may all be shown our reality with the same skewed perspective. That such should happen, that the museum should fall back on the tricks and illusions of its imperialist past in the name of a new, economic colonialism, does not take into account the significance of the world's peoples on the move.

From Cultural Diversity to Cultural Pluralism

We have taken the unprecedented mobility of world populations, diaspora after diaspora, and the creation of cultural diversity in many once homogeneous societies, as a significant factor in the shape of our future. For clarification it should be noted that 'cultural diversity' means groups of many different cultural traditions being in one nation, region or society. Cultural pluralism, on the other hand, describes a society within which diverse cultural groups cooperatively share in the society. Diversity is a condition; pluralism is a social objective.

Multiculturalism, a term used elsewhere but particularly in Canada, describes a political policy in which groups of different cultural tradition are encouraged to retain those traditions in a nation that styles itself as a 'cultural mosaic', as opposed to a 'melting pot' as in the 19th and early 20th century American model. It has been criticized as a form of visible minority management rather than a liberating doctrine. While others attack multiculturalism as an obstruction to the building of a national identity, I am taking the optimistic position that increased diversity in our society should and will lead to pluralism. This has been the contention of Canadian governments since the 1960s, and would seem to be inherent in South African

President Mandela's 'Rainbow Society' proposition. The opposite view is that the new and increasing diversity must be homogenized through assimilationist policies and incentives to protect the national culture. In the United States, some parts of Canada, in the United Kingdom and Western Europe, there have been calls for tight immigration controls and assimilationist policies in the recent decades of escalating diversity.

I will not digress here to defend or document the facts of dramatically increased cultural diversity worldwide for there is an abundant literature on the subject, for example, *The Expansion of Internationalist Society*, edited by Hedly Bull and Adam Watson, and the contribution to that volume of Ronald Dore, "Unity and Diversity in World Culture,"[14] or the discussion of this subject in Samuel P. Huntington's *The Clash of Civilizations...*[15] Perhaps it will suffice to note that the previous great migration of modern times was the 55 million Europeans migrating overseas between 1821 and 1924. "In 1990 legal international migrants numbered about 100 million, refugees about 19 million, and illegal immigrants probably at least 10 million more."[16] Canadians need not look far afield to the growing Muslim population in Western Europe or the Black African and Caribbean population in the United Kingdom for confirmation of changing demographics, for the increase in the last twenty years in the Asian and Indian populations in major Canadian cities is evidence familiar to most.

> ... Westerners increasingly fear 'that they are now being invaded not by armies and tanks but by migrants who speak other languages, worship other gods, belong to other cultures, and, they fear, will take their jobs, occupy their land, live off the welfare system, and threaten their way of life.' These phobias, rooted in relative demographic decline, Stanley Hoffmann observes, 'are based on genuine cultural clashes and worries about national identity.'[17]

Increasing cultural diversity and nationalist sentiments, including such extreme ideas as racial and cultural purity, are on a collision course. I agree with Myron Weiner's observation that, "If there is a single 'law' in migration it is that a migration flow, once begun, induces its own flow."[18] I doubt that tough immigration policies, assimilationist programs, crackdowns on illegal immigrants or preventative economic aid to foreign source countries will stem the flow. The nations of the West, in Europe, North America and 'Down Under' will not be alone in experiencing gross cultural diversity, but it is they who will be most emotionally devastated by what they will perceive as their loss not only of predominance but also of pre-eminence. The risk of a new and extreme racism in such circumstances, when the irresistible force meets the immovable object, is apparent. A fostered cultural pluralism I see as the wisest and perhaps the only course to avoid the collision and a new fascism for a new millennium.

The effect of this on museums and museum-like institutions will be profound. There will be an undeniable moral imperative to take constructive action. But in what direction? As mentioned earlier and to repeat somewhat, the old European-American museum model, which suited the political ideologies of the time, was imperialist. Museums were called a 'Window on the World' and the story of other civilizations and other cultures were presented around the high altar of the Mother Country's icons of power, symbols of superiority and tokens of patronage. The museums we knew, (and they are still with us), told the stories of the 'Other' with impunity. The great encyclopaedic museums of Europe and America gathered up, by means fair and foul, the cultural treasures of the Other – not just tribal goods from colonies but also the riches of older civilizations. The museum became our equivalent of an ancient victory parade, displaying the spoils of war and conquest, humiliating the defeated with a show of the captured warrior-slaves. Museums displayed the booty and by appropriation, captured the power of subordinated cultures. I have said that this Window on the World museum philosophy was being rejected from mid-century almost to the present, but was now returning along with shifts to the right in political ideologies. Obviously in a culturally diverse society desiring constructive pluralism, such destructive hegemony would be intolerable. This postulates that museums, as all our social institutions, must urgently engage in reformations enabling positive interventions.

The proposed solution to this in North American, British and some European museums has been policies of consultation, accommodation and participation. This has meant a readiness to involve, to some degree, the owners of the culture to be represented by the museum in that representation. The participation by an outside cultural group in their representation within an alien cultural institution where they are neither the proprietors nor to be the agents of interpretation, is hollow. Rarely, if ever, has a museum actually transferred the power, the resources and the collections to an external group so that they could create their own manifestation of the museum idea and tell their own story, most importantly for their own enlightenment. An invitation to my house to put on some beads and feathers and to perform your tribal dances for my friends is not an invitation to cultural equity or autonomy, and it's not a solution.

It is not, however, necessary to devise a solution to this dilemma. In cities where minority populations are establishing themselves in the spirit of cultural pluralism, we see the solution in practice. In my city, the large and growing Chinese community has built a centrally located and handsome 'cultural centre.' The local traditional museum neither had exhibits devoted to Chinese culture nor programs for Chinese-speaking visitors. At the Chinese Cultural Centre there are language classes, music, theatre, exhibitions and ceremonies. The entire community is welcomed. It is a museum-like institution meeting our archetypal criteria. In another part of the city an architecturally distinguished Orthodox church has recently 'put on exhibition' its rich collection of sacred icons, all set in a great, carved reredos. We see the museum idea turned back to a venerable tradition. Other ethnic minorities in the city are establishing their own 'museums' and like the Chinese and Orthodox communities, they are using their own cultural models, and without reference to the traditional museums and art galleries in the region.

In the culturally pluralistic society it will be the decentralization of cultural story-telling from the obsolete Window on the World to autonomous centres within cultural communities. We will each tell our own stories, conduct our own searches for a sense of identity and place. And in the spirit of pluralism, we will share our stories, our world views, our mythologies, our aspirations and our fears, with our neighbours.

I have heard many objections to the possibility of such developments – duplication of effort and increased cost, unhealthy competition as groups strive for dominance, immigrants retaining old loyalties but developing none to Canada, and always the cry that decentralization will split the community, or the nation, not hold it together. In part this may be classic resistance to change, and the uncertainty that surrounds new structures in social organization. In part it may be simply that those who have enjoyed the all-encompassing powers of a dominant majority, hate to share that power. It may come from the deeper fear that Western Civilization is threatened by the rise of non-European and non-Christian cultures. I have yet to hear an objection that effectively counters Lester B. Pearson's warning in 1955 that the world was entering "… an age when different civilizations will have to learn to live side by side in peaceful interchange, learning from each other, studying each other's history and ideals and art and culture, mutually enriching each other's lives. The alternative, in this overcrowded little world, is misunderstanding, tension, clash, and catastrophe."[19]

In summary, I am suggesting that the culturally pluralistic society will produce a full spectrum of culturally specific manifestations of the museum idea, by various names and often in forms that reflect the individual culture's museum-like traditions. The old museums with their imperial omniscience, where they survive, will be no more than artifacts of a world view left behind. As we each learn to remember and preserve our own culture, and to share its riches with others, we will finally close the shutters on the Window on the World.

Cultural Kinship and the New World Order

There was a second arbitrary assumption about our future world to be examined in terms of future museums. It was "the realignment of societies and the consolidation of civilizations by cultural affinity, replacing the politico-economic cartography of the past and the convention of the nation state." For this I offer one reference – Huntington's 1996 *The Clash of Civilizations and the Remaking of World Order.*

Henry Kissinger called it "one of the most important books to have emerged since the end of the Cold War." Brzezinski called it "a seminal work that will revolutionize our understanding of international affairs."[20] It is controversial for Huntington discusses the very possible decline of Western civilization, which is most unpalatable to those who believe that American-style democracy and values will eventually cover the Earth. I will not attempt to offer a precis of the book, but regardless of your political persuasion, I will urge you to study it. Here is an encapsulating quotation from the book, presented on the jacket:

> Spurred by modernization, global politics is being reconfigured along cultural lines. Peoples and countries with similar cultures are coming together. Peoples and countries with different cultures are coming apart. Alignments defined by ideology and superpower relations are giving way to alignments defined by culture and civilization. Cultural communities are replacing Cold War blocs, and the fault lines between civilizations are becoming the central lines of conflict in global politics.

Huntington posits six and possibly seven contemporary or near future world civilizations, the Sinic or Chinese civilization including related cultures in Southeast Asia; Japanese civilization as distinct unto itself; Hindu civilization in the Subcontinent; Islamic civilization, in the Arabian peninsula and spreading across North Africa, into the Iberian peninsula and east into Central Asia; Western civilization being Europe, North America and settler countries such as New Zealand and Australia; Latin American civilization probably distinct, and African civilization, possibly, if not now, later. Huntington sees cultural affinity as the basis of all major alliances in the future, with 'fault lines' being drawn by religion and to a lesser degree, language and tradition.

All this lumping together, these grand coalitions, imply core states, hierarchy, cultural conformity and centralization, in contrast to the diaspora phenomena which meant a cultural decentralization from home countries and cultural diversity virtually everywhere. One might well wonder how, within these culturally defined civilizations, there would be tolerance for diversity. Should this be the shape of things to come, where religion, language and other cultural traditions separate 'us' from 'them', what of our somewhat idealistic vision of constructive, cooperative cohabitation among many culturally distinct groups in the pluralistic society?

The historic populations in Western nations are afraid of and will oppose increased cultural diversity and pluralism. Western nations will club together. Non-Western nations will join together with kin culture nations. Concurrently, cultural diversity, not just in the West but around the world, will proliferate. I have said I believe it to be unstoppable. Can a fostered cultural pluralism meet the need to maintain autonomous cultural integrity for the many, and at the same time, the political need for a shared national and civilizational vision in this new world?

May I remind you here that this essay is not really about world politics or strategic studies any more than it is about the dynamics of cultural pluralism. It is about the possible world in which museums may find themselves. It is about museums and the impact the projected changes in our world would have on the museums of the future. In this essay I pose a particular question: "Can the museum as a focal point for both the discovery and the expression of cultural identity find new forms to help overcome the impasse of cultural pluralism confronting nationalism and universalism?" Other choices of predicted changes would raise other questions, but they would be no less inscrutable or demanding.

This is the dilemma wherein The Muse meets Realpolitik. The important museological questions today, anticipating tomorrow, are of this awesome order. They are grand questions that ask if the museum idea, manifested in new ways, can be "in the service of society," as the world faces its most uncertain future. It is a future where racial, ethnic and religious hatreds threaten all civilizations, but where a readiness to share the riches of our distinct cultures promises new understanding, trust and the potential for peace. At no time before has there been a greater challenge to museums and those who work in them, to those who believe in the power of cultural awareness, and the knowledge of others, to transcend hatred and distrust.

Duncan Ferguson Cameron *is a Canadian museologist. He has been a director, an arts lobbyist, a writer on museums, a teacher of museum studies, a museum planner and a consultant to institutions and governments internationally. His museum career spans four decades.*

Mr. Cameron is a Fellow of the Museums Association (U.K.), a Fellow of the Canadian Museums Association, a Fellow of the Glenbow-Alberta Institute and Director Emeritus of the Glenbow Museum, Calgary, Canada. He was also Director of the Brooklyn Museum, New York City, in the early 1970s, and from 1968 to 1971 the National Director of the Canadian Conference of the Arts. He conceptualized and planned the Ontario Science Centre, Toronto, 1963-66, and was Curatorial Consultant to the 1967 world's fair, Expo '67, in Montreal. More recently he was the 1995 Visiting Fellow in Museum Studies at Massey University, New Zealand. He is a 1997 recipient of the Canadian Museums Association Museum Studies Research Scholarship and is completing a book on contemporary museum theory and future practice.

Notes

1. SHERMAN, Daniel J. and ROGOFF, Iris, eds., "Introduction: Frameworks for Critical Analysis," *Museum Culture: Histories, Discourses, Spectacles*, Media & Society vol. 6, (University of Minnesota Press, Minneapolis), 1994, p. XIX.

2. There is an important literature of criticism and analysis of the modern, European/American museum, some of which approaches the museum phenomenon as being unique to the Modern Period. Some such as Douglas Crump, in *On the Museum's Ruins,* take the Marxist position that there are no precedents and that the museum "emerged with the development of modern bourgeois society," (p. 223). Regardless, criticism and analysis of the modern museum and its many parts and pieces, is as valid as the investigation of Christianity through the study of the design and building of Chartres cathedral. I suggest that the study of Chartres might reveal something about Christianity in France in the 13th century, but little about the nature of Christianity or religion, and that the valuable studies of the European museum may tell us much about our modern age but little about the museum idea *per se.*

3. A lengthy paper titled "The Goldfish Bowl," was written in the spring of 1996, first as a source document for a hypothetical course in the study of the history of the museum idea and then as the basis for a session at the Canadian Museum Association 1996 meeting in Vancouver. The paper was distributed at the CMA meeting, but is unpublished as of February, 1997.

4. "Mythology" is used throughout to mean a belief system. My use is best explained by quoting Northrop Frye. "In every age there is a structure of ideas, images, beliefs, assumptions, anxieties, and hopes which express the view of man's situation and destiny generally held at that time. I call this structure a mythology, and its units myths." See Northrop FRYE, *The Modern Century: The Whidden Lectures 1967,* New Edition, (Oxford University Press, Toronto), 1991, p. 105.

5. See, for example, Myron WEINER, *Global Migration Crisis,* (Harper Collins, New York) 1995, pp. 21-28. See also the discussion in *The Clash of Civilizations and the Remaking of World Order* by Samuel P. HUNTINGTON (Simon & Schuster, New York) 1996, Chapter 8.

---

6. From among the current generous offerings of predictions for the future I have chosen Huntington's thesis in *The Clash of Civilizations.* I find his arguments compelling and observation of worldwide news reports over the last half of '96 and the beginning of 1997 confirm, in my opinion, much that he has said.

7. See Oliver IMPEY and Arthur MACGREGOR, eds., *The Origins of Museums: The Cabinet of Curiosities in Sixteenth-and Seventeenth-Century Europe,* (Clarendon Press, Oxford) 1985, and also, Barbara Maria STAFFORD, *Artful Science: Enlightenment Entertainment and the Eclipse of Visual Education,* (The MIT Press, Cambridge, Mass. and London) 1994, especially parts four and five.

8. See Germain BAZIN, *The Museum Age,* (Universe Books, New York) 1967.

9. From Duncan Ferguson CAMERON, "The Goldfish Bowl," 1996, unpublished manuscript.

10. Personal communication, Trudel to Cameron, October, 1996.

11. The New Shorter OED, 1993.

12. For a brilliant exposition on the rise of the corporatist society, see John RALSTON Saul, *The Unconscious Civilization,* (House of Anansi Press, Toronto), 1995.

13. International Council of Museums (ICOM) revised definition of a museum, 1974.

14. See Ronald DORE, in Hedley BULL and Adam WATSON, eds., *Expansion of International Society,* (Oxford University Press, Oxford), 1984.

15. *The Clash of Civilizations,* pp. 198-206, and throughout.

16. Ibid. pp. 198-199.

17. HOFFMANN, Stanley, "The Case for Leadership", *Foreign Policy,* 81 (Winter 1990-91), p. 30, quoted in *The Clash of Civilizations,* p. 200.

18. WERNER, Myron, *Global Migration Crisis,* (Harper Collins, New York), 1995, pp. 21-28, quoted in *The Clash of Civilizations,* p.199.

19. PEARSON, Lester B., *Democracy in World Politics,* (Princeton University Press, Princeton), 1955, pp. 83-84.

20. Both quotations are taken from the book-jacket of *The Clash of Civilizations.*

Conclusion

PAYSAGE MUSÉAL EN MUTATION
Le temps de nouvelles alliances

Annette Viel
Muséologue
Parcs Canada

Abstract

Annette Viel *concludes the publication with some general thoughts about the mutations the museum world is currently undergoing, and about the potential role and commitment of ICOM with respect to these changes.*

Whether museums are repositories of real or virtual objects (works of art or architecture, living or natural collections, cultural landscapes or historic sites, industrial heritage or scientific objects, archaeological or ethnographic artifacts, traditional music or oral legends), their fundamental mission has been, is and will continue to be stable: to preserve memory by means of real or virtual objects and to enhance the meaning of these objects for the benefit of present and future generations, in such a way as to further knowledge, appreciation and enjoyment. The polysemous purpose of the museum remains: it is the parameters of the forms which make it concrete that change.

For some years now we have been witnessing a democratization of the traditional museum model. The museum has opened up and extended its influence by multiplying its points of attachment and striving to popularize knowledge. Regard for the public has become a priority. The plural museum, the polysemous museum, the museum as paradigm, the museum open to life in its many facets – soon all of these will be brought together through virtuality into a global network, with the electronic superhighway making it possible as well to reach new clienteles and to communicate over long distances.

Globalization, the circulation of knowledge, new technologies, the vast increase in exchanges and the interpenetration of cultures all set the tone for what is currently at stake. With their direct involvement in the worldwide movement that is now affecting societies, museums are increasingly looking for reference points as they attempt to adapt. Each of the authors has provided insights and suggested models that might guide these future choices. What will be the attitude of ICOM? Will the network provide for member museums' enlightenment, an ethic, a direction for their action? Of course, any institution, which is in itself unique, will offer its own response to those contemporary challenges that best correspond to its culture, to its own distinctive professional and financial characteristics. For the diversity of museum landscapes is actually ICOM's principal resource. A legitimate respect for pluralism cannot however rule out the search for meaning, the definition of common values and roots. Over the next few years, what new societal paradigms will pave the way for different avenues of thought and action? The author suggests markers, beacons that will guide museums now navigating through the uncertain waters of post-modernism, a delicate balance between subjectification and rationality.

Among the new alliances to be established or maintained for that purpose we find:

- *a preponderance of new synergies: nature/culture, preservation/development, form/content;*

- *the emergence of ecosystemic visions and actions that take into account the entirety of sites/objects/memory;*

- *the establishment of concepts for conservation development that have the support of the public and that include new forms of partnership;*

- *the search for meaning and spirituality through meaningful traces;*

- *the need to reconcile symbolic and economic logic;*

- *the realm of the imagination (creation/subjectification), the intellect (knowledge/rationality) and the emotions (emotionality/value);*

- *HAVING and BEING wherein the goals pursued by the one inevitably reveal the other;*

- *the economic, societal and ecological principles of sustainable development whose functional equilibrium works towards the common good of the community;*

- *the Euro-American model of the museum and the other models, either those now existing or those to come, that hope to take their place within ICOM;*

- *materiality and spirituality, an alliance that is essential for maintaining a sense of belonging.*

Beyond their present-day problems and questioning, museums are invited to rediscover the meaning of their roots, of their initial commitment, of the values underlying their identity. Daring to take this introspective look means approaching the future confidently and serenely, not blindly. Clairvoyance in its very foundations offers the best guarantee of a lucid course tomorrow.

La valeur d'une image se mesure à l'étendue de son auréole imaginaire.

Gaston Bachelard

L'ICOM : au cœur des mutations muséales

Cinquante ans d'une histoire riche de gens et de sens

Cinquante ans déjà! L'impression d'une longue histoire, pourtant si courte lorsqu'on fait le décompte des années et, surtout, lorsqu'on regarde les actions des premières heures et celles toujours en cours ou à venir. Au fil de sa jeune histoire, le Conseil international des musées (ICOM) a su baliser de nouvelles voies pour la profession de muséo-logue et pour l'institution du musée. Grâce à des acteurs parmi les plus engagés, l'ICOM, créé juste après la Deuxième Guerre mondiale, a en effet permis à la gent muséale de demeurer ouverte au changement et de prendre pied dans l'avenir sans oublier sa raison d'être, qui est de conserver et de mettre en valeur les traces matérielles de l'homme et de son environnement.

L'ICOM constitue un réseau international formé de lieux qui portent, par les objets dont ils sont dépositaires, la mémoire d'un pays, d'un continent, d'une planète! La nature de l'objet du musée varie autant qu'il y a d'institu-tions, et l'institution, autant qu'il y a de cultures et de gens. C'est là l'une des grandes richesses du réseau international : conserver à même les paysages une diversité et une pluralité représentatives des cultures de notre planète. La définition du musée, officialisée dans les statuts et règlements de l'ICOM[1], a grandement encouragé cette ouverture à l'uni-versalité de la fonction du musée, tout en favorisant l'émer-gence d'institutions multiples, ancrées à même les cultures dont elles portent la mémoire. Car c'est bien de mémoire que parle le musée, et ce, depuis ses premiers balbutiements chez les Égyptiens au sein du *mouseion*, ou chez les Grecs, dans le *museum*.

Une éthique muséale à développer

L'une des caractéristiques propres de l'humain (il y en a d'autres, bien entendu), c'est d'être éthique; d'avoir le sens du bien et du mal, et de pouvoir déterminer soi-même sa conduite en fonction de cette distinction, c'est-à-dire avec la conscience d'un devoir. Être éthique, être humain, c'est pouvoir choisir consciemment[2][...]

Augustin Berque

Cinquante ans, c'est aussi l'occasion de se questionner. En effet, l'ICOM n'échappe pas non plus aux courants sociétaux et mondiaux qui caractérisent aujourd'hui notre planète. L'organisation doit s'y inscrire et porter, à même ses membres, des valeurs humanitaires qui garantissent le sens dont elle est dépositaire. Nous franchissons une étape cruciale, où le mot «humanité» doit prendre tout son sens. En serons-nous capables? Saurons-nous donner à l'ICOM l'impulsion vitale pour qu'il puisse prendre la voie d'une nouvelle éthique; une voie où les mots «partage», «valeur» et «avoir» pourraient se restructurer en institutions créatrices? Des institutions qui ne seraient plus prédatrices les unes des autres, mais capables d'orchestrer la survie de tous, d'assurer la continuité de la mémoire d'hier et d'enraciner celle-ci dans un véritable développement durable?

Plus que des mots, ce sont des actions concrètes que l'humanité réclame à grands cris. Où l'ICOM logera-t-il? De quelles valeurs sera-t-il porteur? Comment réagit-il à la situation africaine ou à celle des ex-républiques yougoslaves ou russes? Quelle est sa vision de l'avenir des musées? Quel rôle joue-t-il auprès des pays qui détruisent à jamais les lieux-objets de mémoire? Quel est le sens des mots «paix» et «responsabilisation»? Autant de questions qui, parfois, trouvent réponse auprès de certaines personnes ou organismes. Mais où et comment se positionne l'ICOM ? Répondre à cette question représente, pour l'organisme, l'un des défis de l'heure, à assumer pleinement, en accord avec les fondements humanistes mis de l'avant par les fondateurs au lendemain d'une trop lourde guerre mondiale. Élaborer une éthique, au regard des musées, des objets-mémoire, devrait s'inscrire au rang des priorités de cette fin de millénaire.

La polysémie de l'objet muséal

Mesdames, messieurs, à la première civilisation qui n'ait encore su créer ni ses propres temples ni ses propres tombeaux, puissiez-vous être ceux qui feront du moins le don réel de son propre passé[3].

André Malraux

Que le musée soit dépositaire d'objets réels ou virtuels (œuvres d'art ou d'architecture, collections vivantes ou collections naturalisées, paysages culturels ou lieux historiques, patrimoines industriels ou objets scientifiques, artefacts archéologiques ou ethnographiques, musiques traditionnelles ou légendes racontées), sa mission est demeurée, demeure et demeurera stable dans ses fondements mêmes : conserver la mémoire par ses objets réels ou virtuels et mettre en valeur leur signification pour le bénéfice des générations actuelles et futures, de manière à en favoriser la connaissance, l'appréciation et la jouissance. L'objet polysémique du musée reste : ce sont les paramètres des formes qui le concrétisent qui changent.

Certes, il importe de restituer le passé, comme l'a dit si justement Malraux, mais surtout, de donner à voir le sens dont sont dépositaires les objets-mémoire, d'en partager la matérialité et la spiritualité. Des objets qui, au

cours des 50 ans de l'ICOM, ont vu leurs formes traditionnelles vivre une mutation profonde.

Le musée-temple, au parvis trop souvent imposant
par sa colonnade classique, appartient au passé. Il a ouvert
ses murs, s'est étendu au territoire et a multiplié ses formes
d'ancrage, tout en tentant de démocratiser ses savoirs.
Musée pluriel, musée multiple, musée polysémique, musée
paradigme, musée ouvert sur la vie et ses multiples facettes ;
musée-mémoire qui, à travers ses mutations, n'en conserve
pas moins ses fondements scientifiques, pour ne pas
détourner l'objet de son sens, mais plutôt pour en révéler
la signification d'hier et d'aujourd'hui, histoire de mieux
vivre celle de demain.

Une quête de sens à même la diversification des paysages

> *En tant que fonction narcissique, le culte du patrimoine n'est justifiable qu'un temps : temps de reprendre souffle dans la course du présent, temps de réassumer un destin et une réflexion* [4].

Françoise Choay

Cette publication d'ICOM Canada réunit des articles dont
les auteurs viennent de différents paysages muséaux, de
continents aux paysages qui varient et qui façonnent la
culture qu'ils engendrent. Gens enracinés à même ces espaces
de terre, de rivières, de lacs multiples, de montagnes aux
neiges éternelles, de mers aux flots calmes ou rebelles, de
fleuves étroits ou immenses, de déserts de sable ou de neige,
de forêts boréales ou tropicales, mais aussi paysages implantés
dans les espaces urbanisés des vastes cités, des villes plus
modestes, des villages ou des hameaux. Rappelons brième-
ment ici ce que nous avons retenu des écrits de chacun des
auteurs.

Un cycle muséal international en mutation

Patrick J. Boylan ouvre la réflexion en rappelant la nécessité de regarder le musée d'aujourd'hui et de demain dans une perspective historique. Cinq des grands cycles d'une histoire riche d'enseignement sont présentés. Il rappelle notamment que la décroissance du musée tel qu'on l'a connu durant ces 50 ans de grande prolifération de toutes les formes muséales, qui termine le deuxième millénaire, n'est pas unique à notre siècle. Ainsi, comme tout courant historique, celui des musées a aussi ses cycles de création, de développement et de déclin, qui vont et viennent au fil des valeurs des sociétés.

Le cycle auquel appartiennent les 50 ans de l'ICOM se caractérise par un développement sans précédent, qui a suivi la Seconde Guerre mondiale. Quel est l'avenir de toutes ces entités muséales? En verrons-nous le déclin? Saurons-nous transcender les modes afin de conserver, avant tout, le sens des objets-mémoire, si essentiel à la poursuite des civilisations? Comment les cultures parviendront-elles à survivre à la mondialisation des savoirs et des savoir-faire? À partir de cinq mots clés (autonomie, stabilité, coopération, information et pertinence), Patrick J. Boylan livre des pistes de réflexion qui peuvent sauver les musées d'un avenir incertain, voire de l'euthanasie qui guette certains d'entre eux. Ces pistes entraînent l'institution muséale vers la nécessité, pour les cultures et ceux qui en gèrent les avoirs, de s'engager fermement sur le chemin de la responsabilisation à l'égard de la valeur inestimable que constituent tous les patrimoines. Des patrimoines dont la conservation et la mise en valeur doivent favoriser une interaction entre le territoire, la population et l'objet-mémoire.

*Un musée créateur de la synergie de l'*exact imagining

William J. Tramposch rappelle avec justesse que le musée constitue un lieu d'ouverture, où les savoirs conservés et diffusés sont à la fois cognitifs et affectifs. Lieu de pratique créative, le musée doit porter la mémoire, non pas comme objet informatif de mémorisation, mais bien comme objet de complexité, de sensibilité et de polysémie. Pour appuyer ses propos, il présente le Museum of New Zealand Te Papa Tongarewa, lequel a choisi, pour moteur de la constitution de son «âme» muséale institutionnelle, la notion d'*exact imagining*. Cette notion ramène la nécessité de créer une synergie conceptuelle qui favorise l'alliance entre l'imaginaire (création/subjectivation), l'intellect (savoir/rationalité) et l'émotif (affectivité/valeur).

L'équilibre des tensions causées par la synergie entre rationalité et subjectivation se retrouve, tout aussi intensément, entre quatre autres clés : *cultural partnerships, customer focus, speaking with autority,* et *commercial positivity*. Le Museum of New Zealand est représentatif des paysages naturels et culturels d'un territoire dominé par deux cultures : Maori et Pakeha. Cette dernière, qui était, à l'origine, européenne, a été marquée d'apports multiculturels provenant d'Asie, d'Amérique et d'ailleurs. Le musée favorise donc un dialogue entre les cultures et devient un forum pour la nation où l'on présente, explore et conserve la richesse d'un héritage multiculturel. Un lieu de mémoire qui s'impose au présent et invite à tracer l'avenir de manière ouverte et confiante. Bref, un lieu où l'identité de la nation vit et se construit au quotidien, *as a journey*, en synergie avec le milieu.

Un lieu de parole, d'aventure humaine et d'adaptation

Lieux réflétant l'actuel courant polysémique qui caractérise le monde en mutation dans lequel nous vivons, les musées contemporains jouent un rôle de premier plan dans la culture. Comme les décrit Roland Arpin, « ils sont à la fois les héritiers et les promoteurs ». Instruments de communication, lieux d'éducation et d'animation, les musées d'aujourd'hui apprennent, souvent au prix de leur propre survie, à s'adapter à ce monde en mouvance qui est le nôtre. S'adapter pour mieux communiquer et vivre la fabuleuse aventure humaine, qui passe par l'histoire racontée, grâce à une muséographie interactive et animée par une programmation bien de son temps.

Tel est l'esprit du Musée de la civilisation à Québec, qui entend participer à l'héritage universel en mettant en scène, de manière créatrice et motivée par un esprit de liberté, l'histoire d'ici et d'ailleurs. Dans un univers marqué par l'éclatement, le décloisonnement des langages et la naissance de multilangages, le musée doit être interdisciplinaire et polymorphe. Puisant à même les vastes champs expérimentaux de la recherche et de la création, la muséographie contemporaine devient alors acteur et témoin privilégié des nouveaux courants de la modernité. Musée laboratoire, musée de société, musée d'histoire, musée de la personne, musée de l'aventure humaine, ce lieu ouvert sur la vie de la cité et de la nation sait diversifier les produits offerts à ses publics, en « créant des univers intellectuels, sensoriels, émotifs » qui varient d'un thème à l'autre. Le musée d'aujourd'hui prépare celui de demain en tirant du puits sans fond des mémoires au service des cultures et des civilisations. Le rêve du musée se poursuit sur la route du partage, de la flexibilité, de la création, de la liberté...

Stratégie pour survivre et «muséaliser» différemment

Dans un monde jadis dominé par l'univers du colonisateur blanc, les premiers musées africains ne pouvaient que suivre les traces du modèle occidental reconnu, excluant, par le fait même, la culture du pays où, pourtant, ils prenaient racine, comme l'évoque si justement Dawson Munjeri. Temple ou forum? Lieu de vie ou de mort? Quels sont les rôles des musées, leur pertinence et leurs responsabilités? Pour un musée africain, quel est l'objet de collection, reflet de sa mémoire et de son histoire? Une collection amassée durant l'époque coloniale par les Blancs et conservée dans des bâtiments à l'architecture occidentale? Ou ces collections éparses qui restent au cœur du territoire et qui sont le plus souvent intangibles, puisque la mémoire se transmet, avant tout, par tradition orale?

Les musées africains ne disposent pas de tous les moyens professionnels et financiers nécessaires pour assumer un véritable rôle de conservation et de mise en valeur du patrimoine. Pour que ces musées puissent participer au grand mouvement international de transformation, il faudrait que la définition de l'ICOM colle davantage à la réalité du continent, dépasse les fonctions qui, de fait, caractérisent le modèle occidental et favorise l'émergence d'un modèle africain. Voici un défi pour les années à venir: s'ouvrir à d'autres univers, à d'autres réalités muséales qui sauront marquer le musée de demain. Dépasser la condescendance et l'arrogance, agir avec ouverture pour assurer une place de choix aux lieux de musées-mémoire africains dont les cultures et civilisations ne le cèdent en rien à celles des autres régions du monde. Faire du musée un lieu de paix, de partage des savoirs, un espace d'action culturelle au service des sociétés, cela aussi fait partie des enjeux. Faire du musée un lieu de vie et non un lieu de mort.

Des lieux d'expérimentation des nouvelles technologies

Goéry Delacôte aborde l'univers complexe des technologies en milieu muséal en soulignant la nécessité d'une réflexion continue dans ce domaine. Il souligne qu'une muséographie basée sur le recours à de nouvelles technologies facilite l'apprentissage chez les visiteurs et permet au musée d'expérimenter et d'explorer de nouvelles voies dans le partage des savoirs, plus particulièrement entre les élèves et leurs professeurs. Le processus induit le questionnement chez les visiteurs et entraîne une interaction non seulement avec la muséographie en place mais avec les autres personnes présentes et, surtout, avec le contenu muséographié. Par les nouvelles technologies, le visiteur se fait inquisiteur de savoir, il expérimente et apprend à trouver...

Grâce à l'approche multimédiatique, l'ancien panneau devient livre électronique, multipliant ainsi les ramifications des contenus. Le récit linéaire traditionnel devient polyvalent et complexe. Le visiteur se fait créateur du récit qu'il construit au fur et à mesure de son investigation. Avec Internet, le livre traditionnel se transforme, se multiplie en autant d'internautes et d'accès possibles. La recherche n'est plus ce qu'elle était et le musée participe activement aux multiplications des maillages de réseaux. Le chercheur, qu'il soit ou non spécialiste, peut intervenir et enrichir les bases de données. Par les sites Web, comme celui créé à l'Exploratorium de San Francisco, les musées peuvent rejoindre bien des clientèles, les préparer à leur visite des expositions et en assurer le suivi. Dès lors, la visite au musée devient nettement plus enrichissante, car le temps peut être réellement consacré au contact avec les objets-mémoire et leur signification, avec une muséographie interactive qui amène les visiteurs à aller plus loin dans la découverte des traces matérielles de l'homme et de son environnement.

Quand l'idéalisme muséal se confronte au pragmatisme

Duncan Cameron continue de s'interroger sur l'univers de la muséologie et sur ses apparentes assises, où les muses inspiratrices rencontrent trop souvent la réalité politique de ceux qui gèrent la culture. L'avenir du musée comme institution démocratique sera assuré si l'on fait les choix de société qui s'imposent. Le modèle euro-américain que nous connaissons depuis deux ou trois siècles doit passer de temple fermé sur ses avoirs et savoirs à un lieu ouvert sur ses cultures. Le musée de demain, qui déjà émerge, doit refléter les cultures dont il est le dépositaire et en assumer les différences universelles en reconnaissant qu'il n'y a pas *un* modèle mais bien *des* modèles. La « très grande histoire » des musées met davantage en scène le modèle euro-américain, laissant pour compte ceux, par exemple, de la Chine, du Japon ou du monde arabe. Les peuples aborigènes, qui transmettent leurs savoirs par tradition orale, sont généralement écartés de la grande histoire muséale, qui met l'accent sur les collections d'objets. Ainsi, le matériel domine toujours le spirituel. Les lieux mêmes des musées reconnus consacrent le pouvoir des décideurs. Les collections concrétisent les valeurs des sociétés, ce qu'elles jugent important de garder en mémoire.

Et pourtant, si on élargissait le champ perceptuel du milieu muséal, on réaliserait combien nous sommes créateurs de nos images et de nos mythes. Combien il suffirait de peu pour sortir de l'archétype et pour laisser émerger un modèle davantage vivant, enraciné dans le « vrai monde ». Un musée qui relève le défi de créer la culture en osant remettre en question l'acquis, interpréter les savoirs, permettre aux visiteurs de vivre une expérience holistique ouverte et engagée dans la responsabilisation vis-à-vis de la connaissance, du partage des savoirs et des valeurs, au lieu d'une expérience axée sur la consommation de biens culturels. Par rapport au renouveau à venir, une éthique muséale s'impose pour que les «fenêtres sur le monde» que constituent les musées, au sein de cette circulation des savoirs, ne deviennent pas de nouvelles formes de mainmise et d'autoritarisme sur les cultures. Toute démocratisation des savoirs doit nécessairement passer par la consultation publique, afin de garantir aux musées une éthique culturelle et sociétale d'équité. Et, dans l'univers de pluralisme culturel qui est le nôtre, le musée doit reconnaître qu'il est loin d'être l'unique dépositaire des traces matérielles de l'homme et de son environnement.

Des valeurs et des racines

> *Ce lien entre technologie et écologie créera un nouveau lien entre conservation et innovation. Pour innover, nous avons besoin de conserver, particulièrement les diversités naturelles et culturelles qui deviennent un matériau indispensable pour nos nouvelles créations[5].*

Edgar Morin

Miroir des sociétés et des cultures où il prend racine, le musée reflète, plus que jamais, les valeurs du milieu d'où il émerge. Nous évoquons ici quelques-unes des caractéristiques de notre univers et de ses mutations et nous tentons de les appliquer au monde des musées.

Une humanité en quête de sens

Nous vivons une grande période de mutation. Depuis quelques années, nous avons navigué dans des directions qui, régulièrement, changeaient de cap, comme poussées par la recherche d'une nouvelle destinée. Consolons-nous! Nous ne sommes pas les seuls à vivre cette période de recherche de sens. Il suffit de regarder autour de nous pour constater que de nouveaux paradigmes sociétaux emboîtent le pas aux acquis d'hier et ouvrent la voie à des façons différentes de penser et d'agir.

Ce que nous nommions science-fiction, hier, devient aujourd'hui réalité quotidienne. Ces grandes périodes de changement nous ramènent toujours à l'essentiel, aux valeurs fondamentales qui redonnent sens, sagesse et assurance aux changements amorcés. La mémoire se tourne vers ses racines pour mieux éclairer la route du futur. Culture identitaire, postmodernité, musée-réseau, mondialisation, circulation des savoirs et nouvelles technologies, voilà des outils pour alimenter aussi cet éclairage.

Naviguer dans le courant de la postmodernité

Philosophes et sociologues ont tenté de définir la postmodernité, ce courant qui modèle notre époque. Alain Touraine, par exemple, souligne, dans *Critique de la modernité*, la nécessité de sortir de la grande rationalité que nous avons eu tendance à privilégier, au cours des dernières décennies, afin de retrouver un équilibre entre subjectivité et rationalité. Il note combien on a cru que le progrès se construisait à partir d'une rationalisation des actions, alors que tous recherchent le bonheur et la liberté, valeurs qui n'ont rien en commun avec le processus rationnel. Les objets-lieux-mémoire, par exemple, permettent que se côtoient rationalité et subjectivité. L'introduction de la notion de respect de l'esprit du lieu au sein même de la politique de gestion culturelle de Parcs Canada confirme la justesse d'une approche qui, fort timidement, se tourne vers la spiritualité et l'impalpable.

D'autres penseurs, comme Albert Jacquart, Michel Serres, Edgar Morin et Alvin Toffler, notent l'urgence de définir de nouveaux paramètres d'intervention qui amèneront les différentes nations à renégocier le contrat social, à tenir compte des conséquences des actes posés et, surtout, à partager les ressources planétaires, tout en planifiant leur utilisation en fonction de leurs limites[6].

Musée-éclaté/musée-réseau

Nous appartenons à la grande famille des musées, celle de l'ICOM. Depuis quelques années, nous assistons à une démocratisation du modèle traditionnel. La considération du public est devenu une priorité. L'objet[7] n'est plus roi et maître mais sous-tend de plus en plus une muséologie d'idées. La muséographie recourt aux différentes formes de présentations artistiques. Le musée s'est étendu au territoire, et les jardins botaniques, vivariums, aquariums, lieux historiques, parcs naturels, etc., ont intégré la gent muséale.

Par leur production, les artistes remettent en question le rôle du musée. L'œuvre d'art est, depuis longtemps, sortie de son «cadre» et a pris des formes difficilement «muséables». Quand des artistes comme Neils Udo, Richard Long, Andy Goldsworthy, Christo et Joseph Beuys[8] interviennent directement dans les paysages, le musée ne peut conserver qu'une trace virtuelle de ces œuvres. Installations, performances, *landart,* vidéo, *bodyart,* etc., voilà autant de courants artistiques contemporains qui ébranlent les assises traditionnelles du musée. Bientôt, la virtualité supplantera l'œuvre jusque dans la maison des utilisateurs, et les musées seront, par l'intermédiaire de l'autoroute électronique, réunis dans un véritable réseau qui ne connaîtra plus de frontières. Le lieu muséal, dépositaire des traces réelles, continuera d'accueillir le visiteur désirant ressentir la véritable émotion que donne le contact avec l'œuvre, que celle-ci soit d'ordre naturel ou culturel.

Mondialisation et identité culturelle

À l'heure de la mondialisation des marchés et des savoirs, on ne peut plus rester replié sur soi. Devant la menace d'uniformisation inhérente à cette grande et complexe circulation d'information, il importe que chaque pays présente une image identitaire forte afin d'assurer sa propre survie. Puisque les racines de l'identité sont puisées à même les traces, l'univers de la muséologie joue un rôle important dans les manifestations tangibles de cette identité. Il lui appartient de déterminer l'ampleur de ce rôle, d'en définir les paramètres et de voir comment les musées s'inscriront dans les valeurs actuelles comme dans celles qui sont à venir.

Quel sens de la perspective souhaitons-nous donner à nos actions? Serons-nous jugés comme des gens intéressés par les revenus et la multiplication des entrées aux tourniquets des musées dont nous assurons la gestion? Nous engageons-nous sur la voie de la continuité tout en assurant à nos organisations une économie en bonne santé, une économie durable qui sache concilier les objectifs économiques, sociaux et environnementaux?

Circulation des savoirs, autoroute électronique et virtualité

De ce site, notre ici et aujourd'hui, nouveau lieu de notre existence et de nos savoirs contemporains, de cet endroit, d'où désormais la philosophie voit et pense, la technique rejoint le vivant et la science la nature, au sens où ce dernier mot signifie une prochaine naissance[9].

Michel Serre

Plusieurs musées ont déjà gagné le réseau mondial de communication électronique Internet. L'autoroute électronique permet de rejoindre de nouvelles clientèles, de communiquer certains des thèmes jusqu'au domicile des gens, d'aider les visiteurs à mieux préparer leur visite depuis là où ils se trouvent et de faire participer la population en l'associant à ce qui lui est offert.

Il est près de nous ce temps où la technologie pourra recréer l'histoire comme si on y était. L'exemple des dinosaures, mis en scène par le groupe québécois Softimage lors de la réalisation du film *Jurassic Park,* produit par Spielberg, devient éloquent en ce sens. Bientôt, nous pourrons présenter aux visiteurs la vie des Vikings à l'Anse aux Meadows, à Terre-Neuve, simplement en recourant à la virtualité. Il nous faut déjà composer avec cette technologie et voir en quoi elle peut servir le mandat du musée. D'autant que nous avons à nous situer par rapport au réel (l'authenticité) des lieux-objets-mémoire et au virtuel (ce que l'on recrée par la technologie).

Des valeurs qui balisent la voie de demain

> *La relation au présent, celle du vivre et du jouir, ne saurait être sacrifiée à un passé autoritaire ou à un futur illusoire. [...] La circulation dialogique passé/présent/futur restaure l'intensité concrète du vivre qui est la plaque tournante du présent*[10].

Edgar Morin

Le « big-bang » créateur et le temps de « nouvelles alliances »[11]

Nous avons le privilège d'appartenir à un réseau patrimonial international. Nous avons en main des ressources importantes de notre histoire, entendu que nature et culture en sont des composantes essentielles. Nous travaillons pour le « monde », celui qui vient nous visiter, tout comme celui qui ne vient pas. Nous vivons une période de grands changements et traversons cette mer inconnue où les anciennes cartes de navigation demandent à être revues et corrigées à la lueur des impératifs actuels des sociétés. Ces nouveaux paradigmes nous obligent à réviser notre manière d'agir, à redéfinir les paramètres de nos méthodes et actions, à tenter de rester créatifs et novateurs dans un contexte du «faire plus avec moins». Nous avons la chance de pouvoir repenser la mise en valeur des objets-mémoire tout en leur assurant la continuité dont elle doit être garante.

En guise de balises assurant la continuité et le devenir, nous retenons la nécessité de travailler à la mise en place ou au maintien de nouvelles alliances telles que :

- la prépondérance des nouvelles synergies nature/culture, conservation/mise en valeur, contenant/contenu ;
- l'émergence de visions et d'actions écosystémiques qui prennent en compte l'ensemble des lieux-objets-mémoire ;
- le développement de concepts de mise en valeur suscitant l'engagement du public et incluant de nouvelles formes de partenariat ;
- la recherche de sens et de spiritualité à travers les traces significatives ;
- la nécessité de concilier les logiques symboliques et économiques ;
- l'imaginaire (création/subjectivité), l'intellect (savoir/rationalité) et l'émotif (affectivité/valeur) ;
- l'«AVOIR» et l'«ÊTRE», dont les objectifs poursuivis par l'un révèlent nécessairement l'autre ;
- l'économique, le social et l'écologique, ces principes du développement durable dont l'équilibre fonctionnel ouvre à la recherche du bien commun de la collectivité ;

- le modèle euro-américain du musée et les autres modèles, existants ou à venir, qui tentent de prendre leur place au cœur de l'ICOM;
- la matérialité et la spiritualité, alliance essentielle pour garder le sens des appartenances.

Nous sommes conviés à relever le défi de l'avenir, afin de consacrer nos énergies à donner à tous, incluant nos enfants, des lieux riches de sens, d'expériences et de vie. Des lieux novateurs qui enseignent la capacité de dire, de faire vivre des expériences simples et accessibles, de témoigner de l'unicité de l'aventure humaine. Des lieux à la hauteur de ce que nous valons, entendu que passion, signification, création, plaisir et, pourquoi pas, amour, ne riment pas obligatoirement avec budgets illimités, procédure administrative sclérosante, restructurations répétitives et mises à pied massives.

Des histoires d'humanisme et de passion d'être

The great thing about an open society is that it realizes that part of the culture is economic/political but, at the same time, it allows the individual to find his own spiritual dynamics in his own way whithin that culture field. [...] I mean these are dynamics of the spirit and spirit is what runs civilizations[12].

Joseph Campbell

Après tout, ces histoires d'humanisme, de passion, de beauté et de paradoxe de vie dont nous témoignons devraient nous permettre de poursuivre notre engagement et de garder bien en main les rênes de notre destinée. En ces temps d'incertitude et de grands changements, il faut savoir retrouver le sens de nos appartenances. Et admettre, avec humilité et courage, qu'il ne nous appartient pas de juger de la valeur des actes de conservation et de mise en valeur que nous posons. Cela devient le lot de ceux qui nous suivent et pour lesquels nous œuvrons. Appartenir à l'ICOM, cela doit inciter à l'engagement à l'égard des valeurs liées à tous ces objets-mémoire, un engagement qui conduit inévitablement au partage des savoirs et des valeurs des sociétés auxquelles nous appartenons.

Notes

1. La définition du musée, reconnue officiellement par l'ICOM depuis 1975, considère comme entité muséale tout lieu qui prend en charge les traces matérielles de l'homme et de son environnement. Comme le souligne Roland Arpin dans son texte, il s'agit là d'une définition généreuse, qui permet d'ouvrir la voie à la reconnaissance de nouveaux modèles de musées, différents du modèle euro-américain. Le mouvement international pour une nouvelle muséologie (MINOM) s'est efforcé de faire reconnaître d'autres formes de musées et de muséologies.

2. BERQUE, Augustin, « Être humain sur la terre », *Le débat*, Gallimard, 1996, p. 13.

3. MALRAUX, André, extraits du discours prononcé à l'Assemblée nationale de la France, le 24 juillet 1962, pour présenter le projet de loi créant les secteurs sauvegardés.

4. CHOAY, Françoise, *L'allégorie du patrimoine*, édition du Seuil, 1992, p. 189. Notons que la multiplication des lieux de mémoire représente un fait de notre modernité. À ce sujet, Max GUILLAUME, dans *La politique du patrimoine*, publiée en 1984, note que la peur contemporaine de disparaître aussi rapidement que changent les paradigmes scientifiques actuels est la cause de la popularité de tout ce qui nous relie au passé.

5. MORIN, Edgar, « Pour une pensée écologique », Revue *Autrement*, Sciences et sociétés, n° 1, janvier 1992, p. 66-78.

6. Plusieurs commissions internationales abondent dans ce sens. Le Sommet de la terre de Rio, en 1992, a amené les nations présentes à s'engager concrètement par la signature du Plan d'action « Agenda 21 ».

7. François DAGNOGNET, dans son livre *Pour l'art d'aujourd'hui, de l'objet de l'art à l'art de l'objet*, met bien en scène l'actuelle problématique de l'objet et des musées. À la page 24, il écrit : « L'objet se situe moins devant nous qu'en nous et par nous. » Édition Dis voir, Paris, 1992.

---

8. À ce sujet, consulter Colette GARRAUD, *L'idée de nature dans l'art contemporain*, Flammarion, 1994. Rappelons que plusieurs artistes poussent leur production artistique dans un engagement social. L'œuvre est prétexte au discours et au questionnement. Beuys, par exemple, en 1982 plantait 7 000 chênes dans le centre-ville de Cassel, en Allemagne.

9. Citation tirée du livre de Michel SERRE, *Le Contrat naturel,* Bourin, Paris, 1990, p. 188.

10. MORIN, Edgar et KERN, Anne Brigitte, *Terre-Patrie*, édition du Seuil, 1993, p. 129.

11. Nous avons emprunté le vocable de « big-bang » à Hervé SÉRIEYX, auteur du livre *Le Big Bang des organisations, quand l'entreprise, l'État, les régions entrent en mutation*, paru chez Calmann-Lévy en 1993. À la fin de son livre, l'auteur dit : « Décidément, celui qui facilite l'émergence de ces nouvelles organisations, le grand absent n'est ni Superman ni Fantomas : il est vous et moi, acceptant de reconnaître que le monde a changé et que, ô merveille, il exige de nous que nous renoncions au partage entre l'homme professionnel et l'homme privé, entre le rationnel et l'intuition, entre le naturel et l'artificiel, entre le cerveau et le cœur ; bref que nous soyons capables au sein de nous-mêmes, de réaliser, chacun pour soi, [...] une authentique "nouvelle alliance". »

12. CAMPBELL, Joseph, *The way of myth, Talking with Joseph Campbell*, édition Fraser Boa, Shambhala, Boston et Londres, 1994, p. 188-189.